TU VIDA, TUS REGLAS

La Saga COMIENZA TU ÉXITO

Los libros que transforman la vida de los lectores por todo el mundo.

TU VIDA, TUS REGLAS

María Mesa

Si sabes qué mereces,
entonces sal ahí y consíguelo.

Que todo lo bueno te encuentre,
te siga y se quede contigo...

Tu vida, tus reglas
María Mesa Martínez 2019
Autoedición y diseño: María Mesa Martínez
ISBN: 978-84-09-16219-2

www.comienzatuexito.com
contacto@comienzatuexito.com

Diseño de portada, diseño interior y maquetación: Nerea Pérez Exposito de www.imagina-designs.com

Nota a los lectores: Esta publicación contiene las opiniones e ideas de su autora. Su intención es ofrecer material de utilidad al lector sobre el tema tratado. Las estrategias mostradas pueden no ser útiles para todos los individuos, no garantizándose resultado. Este libro se vende bajo el supuesto de que el autor, ni el editor, ni la imprenta se dedican a prestar asesoría o servicios profesionales legales, financieros, de contaduría, psicología u otros. El lector deberá consultar a un profesional capacitado antes de adoptar las sugerencias de este libro. No se da garantía respecto a la precisión o integridad de la información incluida, y tanto el autor, como el editor, la imprenta, el diseñador, distribuidor y todas las partes implicadas, niegan específicamente cualquier responsabilidad por obligaciones, pérdidas, riesgos personales o de cualquier tipo que se incurran como consecuencia directa o indirecta, del uso y aplicación de cualquier contenido del libro.

La publicación de esta obra puede estar sujeta a futuras correcciones y ampliaciones por parte de la autora.

Quedan prohibidas, dentro de los límites establecidos por la ley y bajo las prevenciones legalmente previstas, la reproducción total o parcial de esta obra por cualquier medio o procedimiento, ya sea electrónico o mecánico, el tratamiento informático, el alquiler o cualquier forma de cesión de la obra sin previa autorización escrita de la autora.

Índice

Antes de empezar 9

Parte 1: Rompiendo las reglas 17

Rompe con tu antigua filosofía de vida 19
Generar hábitos increíbles 29
Atrae más sabiduría a tu vida 33
El mecanismo para conseguir lo que quieres 51
La vida es hoy, planéala 65
Sal a ganar… no a participar 75
Supera tus desafíos 81
Imprime una diferencia en el mundo 89

Parte 2: Desafiando límites 103

Cambiando el rumbo de tu vida 105
Cambia tus creencias, cambia tu vida 109
Empieza tomando acción 117
Apunta muy alto 125
La fuerza de voluntad 131
El dinero y el éxito 139
Los hábitos siempre son tus aliados 165
Ríe tanto como puedas 169
Cuida tu cuerpo como se merece 173
Mantén tu mente bien informada 175
Elige bien tus proyectos de vida 177
La clave está en la responsabilidad 183
Pensar más allá de ti 193

Organízate con la agenda 209
Comienza a emprender una nueva vida 215
Trabaja como nadie por tus sueños 221

Parte 3: Multiplicando éxitos 229

Dedica tiempo a quien amas 231
Creando hábitos de excelencia 237
Escoge siempre ser feliz 245
Los consejos traicioneros 253
Tú eres tu mejor amigo 255
La fuerza del cambio 261
Invierte en tu éxito 267
Que el ánimo nunca caiga 271
Un tiempo para ti 281
Sintoniza con las emociones positivas 287
Perteneces a un grupo 291
Buscar donde hay que buscar 293
Organízate con eficacia 299
Todo el que busca, antes o después encuentra 305
La relajación 309
Todo libro tiene un final… pero éste es especial 311
¿Me ayudas a mejorar el mundo? 317
Conviértete en embajador de la saga Comienza tu éxito 319
El éxito ha comenzado 323
«La Voz de Tu Alma» 325

Antes de empezar

Gracias por confiar en mí, por creer que mis libros te pueden inspirar, por tener fe en que el cambio es posible, por dejar que el cambio entre en tu vida.

El cambio es posible.
Vivir la vida de tus sueños es posible.
Créeme.

Si otras personas ya lo están haciendo, ¿qué te detiene a ti?

Ya basta de ritmos sociales, de que la sociedad nos marque el camino por el que debemos ir: estudios, casa, hijos, hipotecas... ¿Quién escribió el camino a la felicidad? Nadie. **Nadie lo escribió porque no existe un único camino**, existen miles de millones, y tú has de encontrar el tuyo.

Hay personas tremendamente felices, sin hijos que viven en pareja en una caravana viajando por el mundo y trabajando online para generarse unos ingresos que les permitan seguir viviendo así.

Hay personas felices que tienen tres hijos, viven en una casita adosada en un pueblo precioso y viajan sólo en vacaciones.

Hay personas felices que deciden no tener pareja, que tienen un negocio propio y viajan cuando les apetece.

Hay tantas opciones para ser feliz...

La felicidad siempre se halla en uno mismo, nunca la hallarás viviendo la vida de otro.

• •
La sociedad te quiere tal y como <u>no</u> eres.
• •

Todos esperarán algo de ti y si no se lo das, les estarás fallando.

Cuando tengas un sueño, ve tras él. No trates de convencer a los escépticos para que vean lo que tú ves, ahórrate esa energía e inviértela en crear la vida que mereces. Si lo que vas a emprender no está dentro de su territorio conocido, de su zona de confort, lo rechazarán.

Su mente le trata de proteger y él como te estima, trata de protegerte.

¿Quién entraría a un bosque en plena noche si cree que dentro hay miles de serpientes venenosas? Yo desde luego no... Y tampoco te dejaría entrar.

Pues así es como funciona nuestra mente. Ella lo hace lo mejor que puede y ante algo desconocido te protegerá. Por precaución te mantendrá alejado de ello.

Tu mente te quiere vivo, por eso actúa así ante los peligros que te pueda entrañar algo desconocido.

Rompe límites.

Multiplica éxitos.

Empieza hoy mismo, haz que te sucedan cosas increíbles.

Ve tras ellas. Ponte en marcha.

Todo lo que te voy a contar es real, es posible, te lo demostraré con hechos científicos, con lo que nos dicen los grandes personajes de la historia... Y es que personas de fama mundial como Loise Hay, Deepak Chopra, Tonny Robbins, Robin Sharma, Joe Vitale... ya vivieron en sus propias carnes todo lo que te voy a contar.

Si te atreves tú también puedes vivir esa vida que tanto anhelas. Esa vida donde las reglas las pones tú.

Cuando eras pequeño las reglas te las ponían tus padres, tus profesores, tus abuelos... **ahora las reglas te las pones tú**, los límites los fijas tú. No te los fija tu pareja, tu jefe, tus padres... **te los fijas tú.**

• •

Si hemos llegado a la mayoría de edad

para responsabilizarnos de nosotros,

¿por qué todavía dejamos nuestra

felicidad en manos de los demás?

• •

Se acabó.

Hoy empiezas tú a escribir tus reglas. Coge un buen rotulador permanente que vamos a empezar a trazar el plan de nuestras vidas.

Después de estudiar a tantos personajes exitosos, decidí poner a prueba todo lo que ellos contaban. Así que lo hice, obtuve un gran resultado y ahora te quiero compartir todo ese conocimiento en este libro de forma condensada para que **tú puedas acelerar el cambio.**

Tu mente actúa como un imán. Si piensas en oportunidades atraerás oportunidades; si piensas en problemas acabarás atrayendo problemas.

"Si crees que funcionará, verás oportunidades. Si crees que no lo hará, sólo verás obstáculos"

Wayne Dyer

Te pido que abras tu mente, que des una oportunidad a las nuevas ideas que te expondré, recuerda que tu mente ante lo nuevo te tratará de proteger y lo rechazará. **Tu hemisferio cerebral izquierdo, tu parte analítica estará alerta, recuérdale que todo es posible.**

Cosas tan increíbles como volar en un avión que pesa toneladas o viajar en un barco gigantesco que flota es posible.

Si te hablo del universo pero tú prefieres llamarlo Dios, Poder Infinito, campo cuántico… o como prefieras llamarlo, hazlo. Da el cambio.

Basta de etiquetas, de las etiquetas que les ponemos a los demás y de las que nos ponemos a nosotros, que éstas son peores aún. Basta de decir: "no puedo hacerlo", "soy demasiado mayor", "no soy tan guapo como este o el otro", "no soy tan inteligente"… ¿Qué es eso?

¡Eso ya se terminó! Hoy empieza tu nueva vida.

Toma impulso que vas a saltar lejos.

¿Estás preparado?

Pues vamos allá...

Instrucciones del libro

LEE

PIENSA

SUBRAYA

ACTÚA

Puedes empezar a leer por cualquier capítulo

Lleva una libreta contigo para escribir tus píldoras de éxito

Reflexiona y pon en práctica las ideas

Parte 1: Rompiendo las reglas

Rompe con tu antigua filosofía de vida

Si tú cambias, todo cambiará. Es más fácil cambiarse a uno mismo que tratar de cambiar el mundo.

Todas las personas queremos hacer algo valioso con nuestra vida, créeme, pero sólo son unas pocas las que están dispuestas realmente a dar ese paso. Si tú quieres ser una de ellas, renuncia a la pereza de quedarte en tu falsa zona de confort y saca tu máximo potencial a relucir.

Vive cada día de tu vida con intención y propósito firme, **no te dejes llevar por las circunstancias que hoy se te presenten**, elige tu destino.

 "Cuando alguien de verdad necesita algo y lo encuentra, no es la casualidad quien se lo procura, sino él mismo. Su propio deseo y su necesidad le conducen a ello"

Hermann Hesse

> Revoluciona tu vida. Es fácil. <u>Fácil significa algo que puedes hacer.</u> Aunque igual que es fácil de hacer, también es fácil de no hacer.

Por eso es que **no hacemos aquellas cosas que sabemos que tenemos que hacer** (no tomar bebidas azucaradas, hacer la colada pendiente, hacer ejercicio...) Esta es la diferencia entre las personas a las que les va bien y el resto.

No dejes de hacer las cosas que tienes que hacer. Es así de fácil, pero hasta que no te des cuenta de que sólo depende de ti, no lo harás... Desatenderás tus prioridades.

> El cuidado de nuestros hábitos equivale a una manzana. Ésta puede empezar pudriéndose por un cachito y si ese trozo no se quita terminará pudriéndose por completo.

Una cosa lleva a otra, y lo que fue un día sin ir al gym dentro de un mes será una semana.

Todos podemos caminar a diario media hora si queremos, no supone gran esfuerzo, y si acumulamos estos hábitos saludables durante años, dime ¿quién serás dentro de 7 años?

> *"Dentro de veinte años a partir de ahora, te arrepentirás de las cosas que no hiciste, así que suelta las amarras y navega fuera de tu zona de confort, busca el viento en tus velas. Explora, sueña, descubre"*
>
> Mark Twain

Haruki Murakami, el novelista, se despierta todos los días a las cuatro de la mañana y se dedica a escribir durante 5 o 6 horas. A las diez de la mañana sale a correr y a nadar. El resto del día lo pasa haciendo otras actividades que le apetecen.

Si dedicamos nuestras mejores horas, a la actividad que requiere más concentración y la realizamos, luego nos sentiremos satisfechos, sentiremos que hemos aprovechado el día y el resto del día lo pasaremos de una forma más relajada. Pues nuestro **diamante del día** ya estará hecho.

> Recuerda que a lo largo de la trilogía te he hablado del concepto de actividades diamantes. Éstas son 3 actividades que consideras importantes, estas actividades quedan agendadas en el día y una vez realizadas hacen de tu día, un día productivo.

Si hasta ahora sientes que has cometiendo errores, deja de cometerlos. Los años que llevas haciendo esas cosas que poco te han aportado han sido más que suficientes...

Si tus ganancias no te parecen suficientes, mejóralas... Pero ¡hazlo! **Siempre hay algo que mejorar.** Hay miles de libros en el mercado y cursos que te pueden enseñar sobre finanzas.

Unas cuantas cosas fáciles puestas en práctica cada día pueden cambiar tu vida.

Se dice que la madre de Abraham Lincoln, cuando estaba apunto de morir, le dijo: "*Sé alguien*".

Eso es lo que tú también deberías hacer. Ser tu mejor versión.

Gasta más energías en mejorarte a ti mismo que en un trabajo. Es muy importante esto para progresar en la vida.

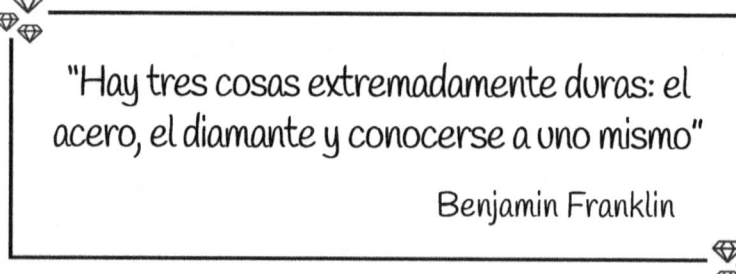

"Hay tres cosas extremadamente duras: el acero, el diamante y conocerse a uno mismo"

Benjamin Franklin

Imagina que quieres sembrar. Piensa que de todas las semillas que siembres, algunas se las comerán los pájaros, entonces para evitar quedarte con menos cosecha deberás sembrar más semillas de las que creas en un principio que son necesarias. **Trabájate más de lo que creas necesario**, es la única forma de no fallar.

Debemos ser alguien de calidad. Por ejemplo, prueba a ser el mejor padre o madre que puedas ser, pero de verdad, estrújate la cabeza para ver cómo; piensa que eso es ser un líder, lideras una familia y debes hacerlo de la mejor forma. Llévalo a otras áreas de tu vida: sé un gran amigo, sé un buen hijo, sé un buen trabajador...

> La palabra líder en la antigüedad, significaba que era una persona que anteponía, por delante de sus propios intereses, a su tribu. Si había una guerra, él era el que daba el primer paso al frente, cada vez que había un desafío, él lo enfrentaba primero. Por eso, al líder siempre se le dejaba la mejor comida, las mejores comodidades, se le respetaba...

Eso es lo que es ser un buen líder.

Hoy en día la mayoría de las personas quieren optar a ser líderes a pesar de que sólo son unos pocos los que realmente deberían hacerlo, hay una historia acerca de esto...

Atento.

> En un hotel había un botones que hacía su trabajo tan bien, tan bien que los jefes decidieron ascenderle y darle un cargo con más responsabilidad.
>
> Este nuevo cargo lo ejercía bastante bien, y por su fidelidad, al cabo de los años le hicieron director de hotel. Entonces todo cambió, como director fue pésimo, no sabía dirigir, no sabía resolver los desafíos...
>
> Un día los jefes se reunieron para ver qué hacían con el nuevo director. Finalmente, concluyeron que como consecuencia de tener un pésimo director habían perdido a un gran botones.
>
> No todos estamos preparados para ejercer un cargo mayor, por mucho tiempo que llevemos trabajando en un lugar, <u>se requieren más habilidades a parte de la fidelidad al negocio.</u>

El salario de un cargo superior suele nublar la mente de las personas y éstas quieren postular a un puesto para el que no están realmente preparadas.

Si quieres un cargo superior, trabájatelo primero y hazte merecedor de tenerlo por tus capacidades y habilidades.

Las personas inteligentes consiguen con los números, lo que les falta de tiempo de experiencia, práctica, técnica...

Te preguntarás… ¿Cómo es eso?

Imagina que tú tienes un año de experiencia cursando un idioma, yo me acabo de apuntar y dentro de un mes se nos pide un ejercicio de conversación. Yo, si quiero ser competente calcularé cifras y sabré que si tú necesitas 10 minutos diarios para alcanzar el objetivo, yo para alcanzarte e incluso rebasarte tengo que emplear 5 horas diarias sin descanso de lunes a domingo.

Eso es compensar la falta de técnica con números, es acelerar el proceso. Se puede. Es cierto que me llevará un tiempo y un esfuerzo extraordinario, por supuesto, pero el extra es el precio a pagar para alcanzar unos resultados extraordinarios.

Sé bastante inteligente como para ver esto.

Uno puede mejorar en todo aquello que se proponga, aunque sea 100% nuevo en algo.

Haz todos los extra que la mayoría no están haciendo.

La siguiente historia resalta la importancia de quedarte con lo que tu interior te diga que es lo mejor, pues normalmente suele acertar.

Vamos con la historia…

Cuenta la historia que iban un anciano y su nieto paseando con un burro. El anciano cansado de caminar se montó en el burro para seguir el trayecto.

Al pasar por un pueblo, la gente del barrio cuchicheaba:

—Pobre niño, que egoísta el abuelo, él paseándose en el burro, mientras el niño va andando. ¡Qué vergüenza!

El abuelo sintiéndose abochornado por la situación, se bajó del burro, subió al nieto en el asno y siguieron el recorrido. Más adelante, pasaron frente a un grupo de personas que exclamaron:

—¡Increíble! El niño encima del burro y el abuelo exhausto caminando. ¡Vaya modales!

El abuelo ofendido por las palabras de ambos grupo decide bajar al nieto del burro y caminar junto a él. Más adelante del camino, empieza a escuchar risas:

—¡Qué par de tontos! Tienen un burro y los dos van andando en vez de pasear plácidamente subidos en el burro.

Entonces, el abuelo toma al niño, lo sube al burro y seguidamente se sube él. De pronto se escucha a una señora gritar:

—¿Cómo se puede ser tan sinvergüenza? Vais a matar al burro: los dos subidos y el pobre animal soportando tanto peso...

Como ves, esta historia demuestra una vez más que nunca llueve a gusto de todos, y aunque tratases por todos los medios de contentar a todo el mundo te sería imposible, pues cada uno tiene su forma particular de ver los hechos.

Enfócate en lo que a ti te llene y te haga feliz.

Generar hábitos increíbles

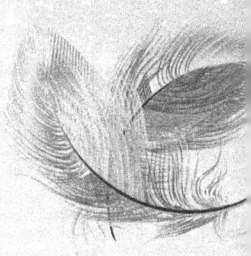

Un estudio británico nos dice que se necesitan 66 días para asimilar un nuevo hábito. Una vez que hayas pasado esos 66 días, **nuevos caminos neuronales se habrán creado** en tu mente para facilitarte la realización de ese hábito.

Esos caminos le facilitarán el trabajo a tu cerebro y hará que éste se haga de forma casi automática, ahorrando la mayor energía mental posible, que es a lo que siempre tiende el cerebro, <u>al ahorro</u>.

Si buscas realmente un cambio en tu vida, según el estudio que te acabo de mencionar ya sabes de media, cuántos días vas a necesitar, **así que no te quedes ahí y haz algo.** Pon a tu nuevo hábito, una fecha de inicio y ve tachando cuadraditos cada día que cumplas con tu plan.

💎 *Nuevo hábito que quiero adquirir:*

_____

_____

♦ **Días que lo llevo realizando:**

1	2	3	4	5	6	7	8	9	10
11	12	13	14	15	16	17	18	19	20
21	22	23	24	25	26	27	28	29	30
31	32	33	34	35	36	37	38	39	40
41	42	43	44	45	46	47	48	49	50
51	52	53	54	55	56	57	58	59	60
61	62	63	64	65	66				

Construye hábito a hábito la vida que deseas.

El presente, en inglés *present*, significa regalo. Valora el regalo de la vida que tienes ahora, puesto que en un tiempo ya no tendrás regalo que disfrutar.

El maravilloso milagro de tener vida, un día desaparecerá para ti y para mí, así pues ¿qué te hace desperdiciar las horas del día de hoy?

A veces somos tan inconscientes, que pasamos a llamar a algunas horas: *horas muertas*. Las *horas muertas* son esas que dedicamos a:

- Ver series sin parar.

- Navegar por las redes sociales sin freno.

- Chatear.

- Cualquier cosa que no aporte mucho valor a tu vida.

No creo que las acciones anteriores sean en sí mismas perjudiciales, para nada, pero **todo depende de en cuánta medida pongas un ingrediente en tu vida.**

> La sal, es maravillosa en una receta, sin ella la comida quedaría sosa, pero un exceso de ella, puede hacerla realmente incomible. Lo mismo pasa con ciertas actividades, que un ratito de ellas nos ayudan a desplazar nuestra mente a otro lugar y nos relajan, pero un exceso de ellas no te llevarán a nada bueno.

Tú sabes dónde está el límite, tú decides dónde ponerlo.

Confía en ti.

Atrae más sabiduría a tu vida

Piensa que cada desafío que tengas en tu vida, es un problema de sabiduría. Dejarás de tener problemas económicos cuando tengas más sabiduría sobre el manejo de tus finanzas, dejarás de tener problemas de pareja cuando mejores en el control de tus emociones, tus relaciones con los demás, tu inteligencia social...

La sabiduría es la solución a los problemas.

Elige a personas que te ayuden a transitar el camino hacia tus sueños más rápido, puedes escoger un mentor y seguir sus consejos o personas con experiencia en esa materia y pedirles consejo. No importa que no las conozcas en persona, lee sus libros o artículos, escucha sus audios o podcast...

Cuando vemos un genio pensamos que nació así, con ese don, y lo cierto es que detrás de las grandes personalidades generalmente existió un mentor, un entrenador, alguien que le ayudó en el camino.

Albert Einstein, un genio que ha pasado a los libros de historia, tuvo de mentor a Max Talmey, un oftalmólogo que iba a casa a comer todas las semanas. Este señor le regalaba a Einstein libros de ciencia cuando todavía era un niño.

Seguro que te ha pasado estar trabajando, llevar media hora tratando de hacer algo y no encontrar la manera de hallar la solución. Llega un momento en el que te cansas y buscas la ayuda de un compañero. Viene y en cinco segundos te dice: *"ah sí, es sencillo, sólo tienes que darle click aquí y ya te aparece"*. Y tú te quedas con la boca abierta.

Lo que es la experiencia…

¿Entiendes por qué te digo que recurrir a alguien con experiencia merece la pena? Te acelera el proceso de aprendizaje 100%. Si te unes humildemente a personas que ya lo han alcanzado, te dejas ayudar y asesorar, avanzarás muy rápido.

Un mentor no es tu mejor amigo, es alguien que quiere mejorarte y transformarte en una versión superior, te saca de tu pasado y te introduce en un lugar mejor.

Actualmente, estoy pagando más de 4.000 dólares por una mentoria de cinco meses. Habrá quien se pregunte ¿Eso merece la pena? Por supuesto, **yo valgo más que eso**. Voy a pagar el precio que haga falta para estar a la altura de los que ya han conseguido los objetivos que yo quiero alcanzar.

Necesito saber lo que saben los más sabios y avanzados.

Tu pasión y tu obsesión por querer aprender más es lo que te diferenciará de otras personas.

> Un seminario de un fin de semana sobre el tema que tú elijas, puede aportarte más que tomar clases una hora una vez a la semana durante medio año.

Imagina lo que sería pasar un fin de semana, tres días seguidos dedicando doce horas diarias a aprender y rodeado de personas apasionadas por lo mismo que tú.

Habrás avanzado más que medio año tomando clases.

Saca cuentas… Y añade el extra de lo que te aportará estar rodeado de personas que vibran en tu misma frecuencia.

Te animo a salir de tu zona de confort, a que te alejes de tu rutina diaria y a que concentres toda tu energía en cómo aprender más rápido.

Concéntrate sólo en lo que quieres obtener y todo en tu interior cambiará.

Es la diferencia entre que te diga piensa en Maldivas o te diga piensa en un estercolero. Tus sensaciones cambian, aquello en lo que te enfoques, será aquello que acabes sintiendo.

Elige los ingredientes de tu receta. La receta de tu vida. Si quieres un pastel delicioso, necesitarás los ingredientes que vayan acordes a tu receta, no necesitas todos los ingredientes de la tienda, sólo los necesarios. No tienes que tener todo en esta vida, sólo aquello que necesites.

Vamos a personalizar nuestras vidas. La vida de mis sueños, de seguro difiere bastante a la que tú tienes creada en tu mente para ti. Cada uno necesita unos ingredientes diferentes porque no todos preparamos la misma receta.

• •

Busca aquello que necesitas y cuando lo encuentres, ve hacia ello.

• •

A mí, quizá me encante viajar cada año a paisajes montañosos y a ti, te puede apasionar quedarte en una playa tomando el sol y leyendo, es fantástico, ve por ello.

Tú decides el mundo en el cuál quieres vivir.

Otra de mis pasiones es la lectura y cada vez que voy a una librería compro tantos libros como me inspiran sus portadas, sus textos, sus recuadros… puedo salir de allí gastando 100 dólares sólo en libros.

Para no dejarte ningún sueño sin cumplir, haz lo siguiente…

Crea tu tablero de sueños, en él expón todo aquello que quieras tener en tu vida en el futuro. ¿No crees que si tenemos fotos de nuestro pasado: de cuando nos casamos, de cuando nació nuestro hijo, del viaje del año pasado… también deberíamos tener una visión del futuro con fotos que nos muestren hacia donde vamos? Escoge de internet las fotos que más te inspiren y crea tu tablón o vision board.

Piensa dónde quieres estar en el futuro y recréalo.

Aquello que imaginas, te acerca al futuro que persigues.

Tenemos muchas formas para motivarnos y seguir persistiendo con nuestros objetivos, veamos algunos ejemplos:

- YouTube te enseña cómo hacer o avanzar más rápido en aquello en lo que te estás iniciando. Hay videotutoriales de cualquier tema que busques.

- Existen webs y blogs especializados sobre cualquier tema, que te pueden ayudar a avanzar en tu proyecto y no sentirte tan solo.

- Lee libros sobre personas que ya hayan logrado hacer realidad aquello con lo que ahora sueñas.

- Si buscas aprender un idioma, práctica viendo películas en versión original. Traduce libros que te gusten, te servirá para tener más vocabulario.

- Busca entrevistas de personalidades que estén donde quieres estar y observa cómo perseveraron, qué hicieron y cómo lo hicieron.

Cuenta Mario Alonso Puig que hace muchos años entrevistaron a una señora muy mayor que recorrió la distancia entre Nueva York y Miami caminando.

Cuando la señora llegó a Miami, el reportero le preguntó muy sorprendido e incrédulo:

-Pero señora, ¿cómo lo ha hecho?

-Muy sencillo, pasito a pastito. -Respondió la mujer.

• •

Que sea difícil no significa que sea imposible.

Significa que hay que trabajar más.

Eso es todo.

• •

Gana la batalla a la inseguridad

El problema que tienen las personas con la incertidumbre es que no se dan cuenta de que emprendimiento equivale a incertidumbre.

El empresario asume la incertidumbre, al contrario que le ocurre al empleado. **La incertidumbre es como un músculo que debes entrenar, al igual que lo haces con tus bíceps.** Empiezas poco a poco, con pocas repeticiones, hasta que llega un momento en el que consigues aumentarlas hasta donde quieres.

Las inseguridades nunca se van a eliminar, es parte de la condición de vivir, no tenemos que alejarnos de ellas, sino aprender a convivir con ellas, para avanzar y crecer.

Cuando alguien lidia con la inseguridad, está creciendo. La vergüenza es lo que te atrapa, tenemos que librarnos de ella (habla de ella con un amigo, pareja, terapia…) lo que necesites.

> Arnold Schwarzenegger creó su realidad primero en su mente. Fue ganador del título de Míster Universo, él cuenta:
>
> "Siempre había imaginado que yo llegaría a estar en ese pedestal y lo visualizaba muy claramente, sabía lo que iba a sentir y también cómo me vería… Me imaginaba a mí mismo en el pedestal, con el trofeo en la mano" […] "Me convencí de que yo era especial y estaba destinado a cosas más grandes. Sabía que quería ser el mejor en algo, aunque no sabía en qué, y que sería famoso".

Las circunstancias sólo si tú las dejas, te definen. **Estás donde estás debido a tus decisiones.**

Cada elección que has hecho te ha llevado a donde estás ahora.

Tu cuerpo es el resultado del nivel de disciplina que has llevado o no con tu dieta y ejercicio. Cada kilo que nos sobra es una demostración de la disciplina que nos falta. Tus finanzas también se han visto afectadas por tus elecciones, por el sentarte a ver la tele en lugar de hacer lo que sabes que debes hacer, el que te guste tu trabajo o no, el que tengas una segunda fuente de ingresos...

Todo es elección tuya.

Sólo aquellos a los que les gusta la posición en la que se encuentran, admitirán que estamos hechos de nuestras elecciones.

No es fácil admitirlo, lo sé, a mí al principio me costó entenderlo.

Necesitamos coraje, es cierto que que tenemos la posibilidad de fallar, pero mejor ir hacia ello que no hacer nada.

Un hombre que rompió todos los límites mentales fue Philippe Petit, el hombre que desafió la gravedad. Este hombre cruzó las Torres Gemelas, caminando por un cable de acero a más de 400 metros de altura. Philippe se dijo: "*Es imposible, voy a hacerlo*". Y lo hizo.

Eres el creador de tu propia libertad y de tu propio destino.

Cambia tus decisiones débiles por decisiones más fuertes. Cambia tus malos hábitos por hábitos que te mantengan más cerca de tus sueños. Intercambia el tiempo que dedicas a tus redes sociales por tiempo a tu desarrollo personal.

Cada día es una elección, puedes usar las circunstancias para motivarte o para paralizarte. Te aconsejo que uses el dolor como combustible para superarte, y si en vez de gasolina consumes queroseno mejor.

El poder de los miedos

La mayoría de las personas luchan por librarse de los miedos, y esto es prácticamente imposible de lograr, ya que siempre surgen nuevos miedos. La clave no es luchar contra ellos, sino ver su potencial y saber explotarlo. ¿Cómo? Te preguntarás… Sé que parece extraño, pero ahora verás a lo que me refiero.

Buscar eliminar los miedos de nuestra vida, es una completa utopía si lo piensas bien.

Me explico…

Si no tuviésemos miedo ante un peligro real seríamos incapaces de reconocerlo y salvar nuestras vidas.

Lo que **debes gestionar bien es el miedo como emoción aflictiva**. Éste es el que nos hace pensar en el qué dirán los demás si nos ven hacer tal o cual cosa.

Si tienes un miedo, y lo quieres superar porque te está frenando y no te deja ir a por algo más grande, la clave se encuentra en crearte uno más grande que venza a ese.

¿Cómo? ¿Qué? Sí, sí, has leído bien, en crearte un miedo más grande.

Veámoslo con un ejemplo.

- *Miedo inicial*: imagina que tengo miedo a la acogida de este libro por el público, de sus críticas o de no conectar contigo al nivel que pretendo.

Miedos lógicos, ¿verdad?

Vamos a ver cómo yo consigo vencerlos. El truco como bien te he dicho está en crearme un miedo aún más grande que me ayude a superarme.

- *Mi nuevo miedo, más grande*: El miedo que me produce no escribir este libro es terrible pues mis conocimientos morirán en mí, no aportaré luz a las personas que es estos momentos están buscando la información que quiero plasmar en estas páginas, no dejaré un legado, no tendré una razón de peso para demostrarles a mis descendientes porqué hay que luchar por los sueños y cómo yo lo hice.

¿Verdad que ahora el nuevo miedo es más grande y poderoso que el anterior? Es más trascendental, este miedo me obliga a trabajar con más ganas y ansía en mi libro.

Esto mismo lo puedes aplicar a cualquier desafío que tengas: estudiar una nueva carrera, lanzarte a un emprendimiento, cambiar de trabajo, empezar una relación...

• •

Cuando encuentres un límite que te frene, créate un motivo aún más grande para superarlo.

• •

Cuando venga un miedo a tu mente, piensa en lo siguiente:

◈ *Mi mente me ha llevado a mi peor futuro.*

Ahora yo conscientemente viajaré al futuro y:

◈ *Visualizaré mi mejor futuro.*

Todo está en el prisma con el que decidas mirar tu futuro.

La siguiente historia, me impactó, cuando la escuché por primera vez, me pareció un auténtico desafío el que tuvo y sigue afrontando esta mujer a diario.

Quizá, conozcas su historia porque circula por las redes sociales desde hace bastante tiempo. Esta historia es la historia de Lizzie Velasquez, conocida por la mayoría como: *"la mujer más fea del mundo"*. Lizzie padece un Síndrome tan raro que apenas tan sólo un par de personas en el mundo lo padecen. En su conferencia cuenta como alguien subió un video de ella a Internet haciéndola llamar la mujer más fea del mundo, y éste se hizo viral.

Lizzie fue insultada y humillada públicamente. Pero Lizzie se lleno de fuerzas y se dijo: "Sí, *ésta soy yo, y voy a vivir mi vida*". Lizzie apostó fuerte por ella, y convirtió su defecto (su aspecto físico) en su virtud, dejó de esconderse y empezó a vivir su vida sin miedos.

Lizzie ahora cuenta con miles de seguidores por todo el mundo, da conferencias exitosas y ha escrito libros. Una mujer que pese a todas las adversidades decidió empoderarse y vivir una vida a lo grande.

Te invito a que la busques por internet y compruebes la sabiduría que encierran sus palabras. Lizzie ahora es una mujer empoderada.

Acciones para romper con la zona de confort

En la actualidad en los países considerados como los del primer mundo, en los cuales inconscientemente pensamos que vamos a vivir hasta los noventa años con salud y que vamos a tener tiempo más que de sobra para hacer las cosas pendientes, vivimos en un momento de alto bienestar.

Nos solemos ver de mayores, frescos como una lechuga, joviales, viajando por el mundo y disfrutando de unas vacaciones eternas. Pero por desgracia, siento decirte que esto no siempre es así.

Cuando vivimos la fiesta del cumpleaños, no somos realmente conscientes de que cuando soplamos las velas, soplamos los doce meses anteriores, que ya no volverán.

Toma acción, coge las riendas de tu vida y emprende hoy con las acciones y metas que cambiarán tu rumbo.

Debemos entrenarnos antes de lanzarnos a por un reto mayor que sea muy desafiante, con pequeñas y cotidianas acciones que nos hagan salir de nuestra zona de confort a diario y así **estar preparados para el día en el que el GRAN RETO venga a desafiarnos.**

Algunas acciones muy sencillas que puedes implementar hoy mismo pueden ser:

- ❖ Escuchar canciones de un estilo musical que no acostumbres escuchar.

- ❖ Leer libros de autores o temáticas desconocidas que te llamen la atención en la librería.

- ❖ Cambia la ruta o el medio (coche, bus, tren, paseo) que sigues para ir al trabajo o a tu centro de estudios.

- ❖ Dentro de tu propia ciudad, visita barrios en los que nunca hayas estado, descubre las maravillas que tienes a un paso de casa, busca información por internet sobre una zona antes de visitarla, para no perderte nada. Ejerce de turista en tu propia ciudad.

- ❖ Aprende una nueva habilidad: cocinar algún plato nuevo (busca recetas en YouTube), clases de dibujo, aprende tips para tomar buenas fotos...

- ❖ Entabla conversaciones con personas con las que te cruzas a menudo pero con las que nunca profundizas, quizá descubras una nueva amistad.

Añade a la lista tantas cosas como se te ocurran, cuanto más pequeños sean los retos y más apetecibles, más te irás soltando y más te apetecerá llevarlos a la práctica.

Por qué las críticas que hacemos nos afectan...

Cuando hablas de forma negativa con otras personas acerca de una tercera persona, te habrás percatado, que tras emitir tus juicios de valor te quedas con un *mal sabor de boca*.

Puedes empezar a darle vueltas al hecho de que si otros han hablado de esa tercera persona de una forma negativa, el día que tú falles en algo, también lo harán contigo.

Te aconsejo que no hables en negativo porque entrarás en un bucle negativo que no te llevará a nada positivo. **Las palabras que pronuncias a diario tienen mucho poder.**

Si juzgas a alguien, le emites una crítica o tratas de hacerle daño, lo que va a volver a ti no va a ser nada bueno, pues esa persona se defenderá de ti. En cambio, si eres amable y cariñoso con el otro, eso será lo que te será devuelto.

"Preocúpate más por tu carácter que por tu reputación. Tu carácter es lo que realmente eres, mientras que tu reputación es sólo lo que otros creen que tú eres"

Dale Carnegie

A la mayoría se les va la mirada hacia las cosas que no les gusta del otro, tanto si lo dicen como si no, se les nota. Empieza a destacar las cosas positivas de los demás.

Así que te ánimo a que cambies ese hábito por el de buscar algo positivo en el otro. **No te estoy pidiendo que seas falso diciéndole a alguien cosas positivas que ni piensas.** Se trata más bien de encontrar algo que te guste en el otro y decírselo, algo tan simple como es decirle que te gusta esa camisa nueva que lleva hoy. El otro se sentirá genial, pero es que tú también.

Pruébalo.

Deja de hablar de las personas y empieza a hablar de cosas interesantes que te potencien: planes, viajes, proyectos...

Si hay personas en tu círculo que tiran de ti hacia atrás, que sólo tienen conversaciones negativas, que son personas que se dedican a hablar de la vida de los demás en lugar de hacer crecer la suya, mejor aléjate de esas personas pues no te van a impulsar a sacar adelante tus proyectos.

> La información que le metes a tu cabeza es con la que se nutre. Mejor que sea de calidad.

En tus *tiempos muertos* los podcast pueden ayudarte a estimularte, es sensacional poder escuchar a otras personas hablar de temas que te interesan. Profundiza en las cosas que te pueden hacer crecer. Si eres constante y haces de ellos un *efecto de continuidad*, mejorarás enormemente en cualquier área de tu vida.

El mecanismo para conseguir lo que quieres

El problema que tienen muchas personas es querer la gratificación instantánea, y esto sólo sirve para frenarlas y hacerlas creer que no pueden conseguir aquello que se proponen. Les falta el ingrediente mágico: **la paciencia.**

Durante el camino debemos descansar, coger fuerzas, llenar el depósito para el largo camino que tenemos por delante... para que cuando llegue el momento puedas darlo todo. Al igual que lo da un deportista en los últimos metros para llegar a la línea de meta.

• •

El estrés no es óptimo cuando está en exceso. Según la Universidad de Harvard, entre el 60-90% de las consultas a médicos generalistas en Occidente estarían relacionadas con el estrés.

• •

Nos centramos más en el tiempo que vamos a tardar en lograrlo que en lo que queremos conseguir. Las metas a largo plazo son las únicas que nos sirven, pero requieren paciencia. El querer ver los resultados rápido es lo que nos hace daño físicamente y mentalmente.

> "Si no eres valiente, actúa como si lo fueras, porque si actúas como si lo fueras, llegarás a serlo"
>
> Aristóteles

Muchos buscan lo fácil. No quieren pasar por la incomodidad de hacer ejercicio... prefieren bajar de peso rápido con dietas milagrosas, pastillas, matarse a hacer ejercicio durante horas, unos días... y esto no funciona.

Quieren acelerar el proceso, pero se olvidan de que no se pueden saltar el proceso. Pueden acudir a un especialista que les ayude a ir más rápido, pero el camino no se lo va a quitar nadie.

Debemos disfrutar el camino, crecer durante el mismo, es la única forma de mantener un éxito sostenido.

El éxito de tu vida se va a medir por lo feliz que seas en el tiempo de manera sostenida.

Debes empezar hoy, aunque no veas los resultados de inmediato **debes creer en lo que haces**, debes mantenerte firme. Te reto a que ACTÚES HOY MISMO. El resultado vendrá, pero deberás ser paciente.

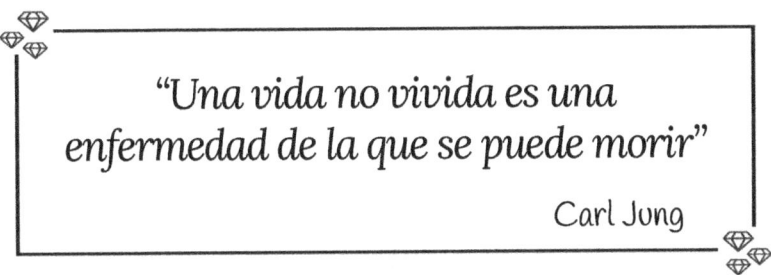

"Una vida no vivida es una enfermedad de la que se puede morir"

Carl Jung

Lo que pensaste hace unos meses, unas semanas o incluso unos días te ha llevado a ser quien eres en la actualidad. **Pero lo que está siendo ahora mismo, no tiene que ser así mañana, si así lo decides.** Recuerda que una decisión tiene el poder de cambiarlo todo.

Este mismo instante puede contener una idea que cambie todo el resto de tu vida.

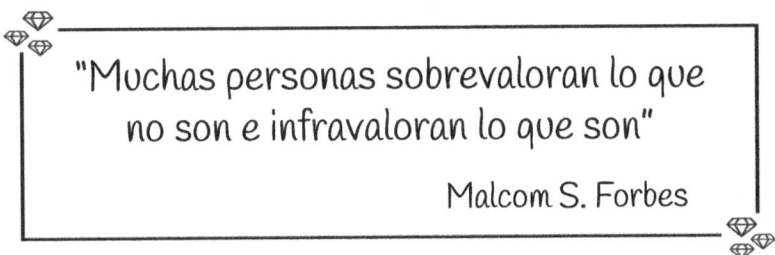

"Muchas personas sobrevaloran lo que no son e infravaloran lo que son"

Malcom S. Forbes

Tu mañana depende de lo que crees hoy, no de lo que pensaste ayer, recuérdalo y trabaja siempre sobre ello. Por eso, el momento del cambio siempre es AHORA.

Si tu realidad actual no te hace sentir bien, cámbiala. Tienes el poder.

Si empiezas a pensar de una manera distinta ahora, y la mantienes en el tiempo, crearás una realidad distinta que podrás disfrutar en el futuro.

Seguro que has podido disfrutar de la compañía de personas que desprenden una luz especial, personas que hacen que el simple hecho de estar con ellas te hace sentir bien. ¿Te has preguntado por qué sucede esto? Estas personas son así porque han conectado con su yo más esencial, son fieles a ellas mismas y cuando lo hacen la vida adquiere una tonalidad diferente.

Tu yo más esencial no tiene miedos, sólo tiene desafíos y retos que superar. Tu verdadera esencia está conectada a tu corazón y sabe las respuestas a las preguntas más importantes de tu vida. Deja de buscar respuestas en otros y escúchate a ti mismo más a menudo.

"No nos perturba lo que nos sucede, sino nuestra interpretación de lo que nos sucede"

Epicteto

Habrá momentos en los que tu ego te juegue una mala pasada, en los que te veas haciendo o diciendo algo de lo que no te sientas orgulloso. A mí me ha pasado, de repente sin saber cómo me he visto envuelta en una crítica hacia otra persona, pero cuando me he dado cuenta me he parado en seco y he tratado de corregirme o si me he dado cuenta tras hacerlo, me he dicho: "No importa María, al menos te has dado cuenta, mañana lo harás mejor".

Al principio me sentía mal conmigo misma, pues parecía que no aprendía la lección. Pero con el tiempo aprendí, que soy imperfecta y que fallaré una vez más, pero **ese fallo no hará que tire la toalla en mi mejora personal.** Si no eres perfecto al 100%, quizá lo seas al 91,768%, no importa.

Lo único que importa es seguir mejorándote cada día un poquito más y sin culpas, pues errores siempre seguirás cometiendo. Por suerte, no eres un robot.

El zumo de la naranja

Esta historia ocurrió en la última conferencia que dio Wayne Dyer, de hecho fue el día antes de su muerte, realmente me resultó conmovedora y me hizo pensar. Espero que a ti también te remueva algo en tu interior.

En su exposición Dyer se ayudó de una naranja. A un joven le preguntó:

–¿Qué ocurriría si exprimiese esta naranja?

–Que saldría zumo de naranja. –Dijo el joven.

–¿No podría salir zumo de manzana? –Preguntó Dyer.

–No, sólo zumo de naranja porque es lo que hay dentro de ella. – Respondió el chico.

–Vamos a suponer que esta naranja no es una naranja, sino que eres tú y alguien te aprieta, ejerce presión sobre ti... Y fuera de ti sale la ira, el odio, el rencor, el miedo... La respuesta es porque como el joven ha dicho es lo que hay dentro. Es una gran lección de la vida. ¿Qué sale de ti cuando la vida te aprieta? ¿Cuándo alguien te hace daño o te ofende? Si lo que sale de ti es ira, dolor o miedo... es porque eso es lo que hay dentro tuya. No importa quien te apriete: tu padre, tus hermanos, tus hijos o tu jefe. Lo que sale de ti es lo que hay dentro. Y lo que hay dentro de ti es tu elección. Cuando alguien ejerce presión sobre ti y de ti no sale otra cosa más que amor, es porque eso es lo que has permitido habitar en tu interior.

Una reflexión magnifica acerca de reconocer qué alberga en nuestro interior. A veces, pensamos que albergamos cosas más bonitas dentro, pero lo cierto es que cuando llegamos a los momentos en los que estamos más al límite, cuando alguien nos saca nuestras casillas o cuando sucede un incidente es cuando sale a flote lo que tenemos dentro.

De ti depende cambiar lo que sale de ti cuando se te exprime. Estás en un proceso de crecimiento, no te sientas mal si ahora no sale el jugo que te gustaría, lo interesante de este momento en el que te encuentras es que **se te ha abierto una puerta que ni siquiera creías que estaba ahí.**

Ahora depende tan sólo de ti que sigas conteniendo el mismo jugo o lo cambies.

La perspectiva exitosa

Empieza a hablar de hacia dónde te diriges, no hables del pasado, de las cosas que ya sucedieron. Háblale al mundo de a dónde vas, pero más importante que eso es hablarte a ti mismo de qué quieres de la vida.

> "Te has estado criticando a ti mismo años y años y no ha funcionado. Trata de aprobarte a ti mismo y mira qué ocurre.
>
> Louise L. Hay

> Una vez leí que Einstein puso un examen de física. Los alumnos tras mirar el examen dijeron:
>
> - Profe, son las mismas preguntas que el año pasado.
>
> - En efecto son las mismas preguntas, pero las respuestas son distintas. —Respondió Einstein.

Todo en la vida es cambio constante, evolución, debes de mantenerte al día en tu campo. **Si no lo haces tú, otros lo harán y te adelantarán.**

Me encanta aprender de las personas que ya corren delante mía. Siento que los que consiguen grandes cosas las planifican como lo hacen los ajedrecistas, éstos son capaces de planificar hasta las próximas siete jugadas.

Tú puedes alterar tu destino, cambiarlo, y lo harás a través de la responsabilidad, de responsabilizarte de tus resultados. Hay quienes viven pasivos y juegan a ser víctimas, pero tú juegas en otra liga, en tu juego tú eres el protagonista.

Elige si quieres tener razones y justificaciones

o si quieres tener resultados.

Debemos de ser responsables de los resultados aún cuando las cosas no salgan como esperamos. Debemos analizar y mejorar lo presente.

En la vida es más importante enseñarte a pescar que darte el pescado. Si tienes la suficiente paciencia de enseñar al otro a pescar, le habrás aportado mucho más que si sólo te encargas de proveerle. Le habrás hecho una persona capaz e independiente.

Debes superarte cada día, aprender, romper hasta tus propios límites y decirte: ¡Guau de lo que he sido capaz!

"Júntate con gente que te haga sentir tonto, con gente que tenga tanto crecimiento, tantas ganas que tú a su lado te sientas un tonto"

Thomas D. Jakes

Cuando te ves envuelto de personas y situaciones que se encuentran mucho más lejos que tú, sólo podrás hacer dos cosas:

Quedarte donde estás

O

Soñar y ponerte en marcha

Yo sin dudarlo me quedo con la segunda opción, es tras la que voy, con un plan listo y con acciones concretas que ejecuto cada día.

Siempre soñé escribir un libro inspirador que ayudará a tomar impulso para hacer las cosas que siempre hemos soñado hacer. Un libro con frases que llegaran directas a cada fibra de tu corazón. Pero no fue hasta ese primer instante en el que me enfrenté a las páginas en blanco, que las ideas empezaron a fluir desde lo más profundo de mi ser.

Sin acción, no hay plan que valga.

Debemos dejarnos enseñar e instruir por aquellos que están donde queremos, y en los momentos en que fallemos admitir nuestro fallo. Es la única forma de crecer.

<u>Debemos ser humildes</u>. Muchas personas están confundiendo el concepto humildad y lo relacionan íntimamente con ser pobres. *Humilde significa tener ganas de aprender y saber dejarnos aleccionar por otros.*

Hay una historia fascinante que hace reflexionar sobre la manera en la que vemos las cosas, ¿te apetece conocerla? Pues adelante, sigue leyendo...

> Había una vez un ciego que estaba sentado en la acera pidiendo dinero con una vasija a sus pies y un cartel en el que ponía:

◆ Por favor ayúdenme, soy ciego.

Un publicista pasó junto a él y vio que apenas tenía unas cuantas monedas en la vasija. Sin que el ciego se diese cuenta tomó el cartel y escribió unas palabras sobre la otra cara.

Volvió a poner el cartel cerca del ciego con el nuevo mensaje de cara a los transeúntes y se marchó.

Horas más tarde, el publicista volvió a pasar frente al ciego y comprobó que ahora su vasija tenía tres veces más monedas. El ciego nunca se percató de que lo que había cambiado era el mensaje del cartel. Ahora se leía:

◆ Hoy es primavera y no puedo verla.

Cada vez que tomas una decisión valiosa, estás mejorándote a ti mismo sin darte cuenta. Es algo así como un entrenamiento de vida, a más decisiones difíciles tomes por tu propio bien, más fáciles te serán las próximas que tendrás de tomar.

Una decisión, cambió la vida de Mel Gibson. Al australiano, el día anterior a presentarse a un casting unos ladrones le asaltaron y le desfiguraron la cara. Aún con esas, Mel se presentó en el casting. Cuando el productor lo vio, dijo: "justo lo que estábamos buscando...¡un tipo rudo!"

¿Qué hubiese pasado si Mel se hubiese sentido avergonzado por su rostro y no hubiese aparecido en el casting?

Quizá, seguiría sin hacer ni una sola película. Pero persiguió sus sueños y fue con todas.

"Visualicé dónde quería ir y que tipo de jugador quería ser, y cuando supe con exactitud dónde quería llegar, me concentré en conseguirlo y lo logré"

Michael Jordan

No hay nadie mejor que nadie. Por tanto, ¿qué tiene Jordan más especial que tú? Nada. Simplemente ha tenido más determinación, por ello ha tenido más éxitos en su campo. **Tú aún estás a tiempo, aún hay vida.** Si quieres grandes éxitos toma la determinación de Jordan y empieza a ejecutar más de lo que hablas.

No hay límites y si los hay encárgate de romperlos. No hay excusas. Los personajes que pasaron a la historia también sufrieron adversidades, por mencionar a otro, mencionaremos a <u>Stephen Spielberg, que fue un chico tímido y un blanco de todas las burlas.</u> Pero no se frenó con sus sueños y ahora es admirado por el mundo entero.

Da igual tu pasado, lo único que interesa es tu presente y futuro.

"Hay personas que pelean por un souvenir, aquello que se regala en un evento; otras que se pelean por un trofeo, aquello que se regala en un campeonato; pero hay pocas personas que se pelean por un legado"

John Maxwell

Si de verás quieres dejar un legado, una huella, una pista de que pasaste por aquí, deberás trabajar de forma incesante en ello. Porque como dice Victor Kuppers: *"planta que no riegas, planta que palma (muere)"*. Es así de sencillo, las relaciones de amistad, se acaban perdiendo por dejadez.

El mañana te llamo, se va convirtiendo en la semana que viene te llamo, en el mes que viene quedamos, en después de las vacaciones nos vemos... hasta que ya sólo te ves en eventos especiales.

"Lo más importante de la comunicación es escuchar lo que no se dice"

Peter Drucker

Si no estás cuando tienes que estar, si no escuchas a tu pareja cuando te cuenta un problema, si no escuchas a tu hijo acerca de como le ha ido en el colegio, si no lees un cuento por la noche a tu hijo... Si dejas de hacer todas estás cosas porque estás cansado o porque *mañana será otro día* y entonces lo haré; puede que el futuro que esperas nunca llegue.

Esto es lo que sucede con cualquier aspecto que descuides de tu vida. Con tu aspecto físico sucede lo mismo, si no te cuidas... ya sabes como acabarás. Todos lo saben, pero pocos son los que hacen algo.

Persigue tus sueños con rotundidad y no te alejes de ellos, protégelos como el bien tan preciado que son y recibirás las bendiciones que mereces.

"La única persona a la que estás destinada a ser es la persona que decidas ser"

Ralph Waldo Emerson

Ahora vas a responder una serie de preguntas reveladoras:

- ¿Si tuvieras frente a ti a tu yo del futuro que te recomendaría mejorar?

- ¿Qué tiene que pasar y qué puedes hacer para lograr el apoyo de aquellos que necesitas y obtener los recursos necesarios para tomar las acciones necesarias?

- ¿Cuáles son los pasos o acciones que puedes tomar ahora mismo para acercarte a tu meta?

La vida es hoy, planéala

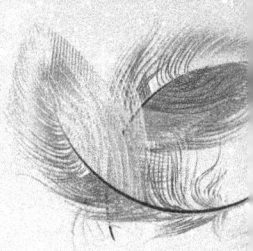

¿Has pensado cuál es tu plan de vida? Veamos dónde te tienes que enfocar:

- ◈ Quieres ser financieramente libre: ¿Cuál es el plan?
- ◈ Quieres tener buena relación con tus hijos. ¿Cuál es el plan?
- ◈ Quieres perder kilos de más. ¿Cuál es tu plan?
- ◈ Quieres aprender chino. ¿Cuál es tu plan?
- ◈ Quieres cambiar de trabajo. ¿Cuál es tu plan?

Una vez que tengas el plan, piensa cada día cuáles serán los tres diamantes o acciones del día que ejecutarás para estar más cerca de lo propuesto.

Debes actuar como lo hace un arquitecto, que antes de que se ponga el primer ladrillo ya sabe cómo va a quedar el edificio. Planifica todo lo que puedas, y si por el camino hay que rectificar, hazlo. Pero primero sigue el plan establecido.

El autor del best seller *Sopa de pollo para el alma* fue rechazado ciento cuarenta veces hasta que le publicaron su libro. La perseverancia es clave. No necesitaba que trescientas editoriales le dijeran sí, con una que se lo dijo fue suficiente.

<u>Durante todo el proceso, desde el inicio hasta el fin, debes de ser persistente con tu plan.</u> NO le falles. Habrán momentos muy duros, te lo garantizo. Pero debes seguir adelante.

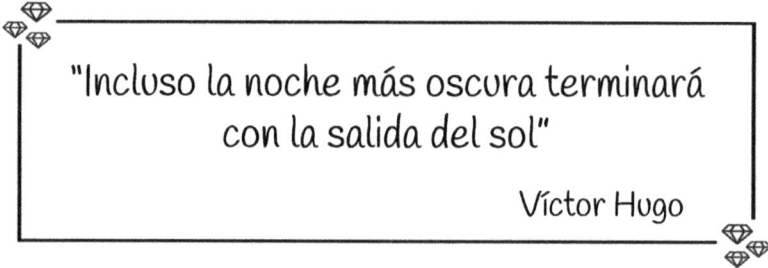

"Incluso la noche más oscura terminará con la salida del sol"

Víctor Hugo

Dime cuánto dolor eres capaz de soportar y te diré cuán grande será tu éxito. Dependiendo de tu nivel de resistencia, llegarás más o menos lejos.

¿Has pensado alguna vez cuál es el momento más delicado en el trayecto de un avión? ¿El aterrizaje o el despegue? El momento más peligroso de un viaje es el aterrizaje.

Ten en cuenta lo que te acabo de contar del avión, y a pesar de que parezca que el final de tu proyecto está cerca, de que ese sueño se va a hacer realidad a la vuelta de la esquina, ten la mente fresca y alerta, pues puede ser que aún quede algo por hacer y no te hayas percatado. **El viaje no acaba hasta que bajas del avión.**

Nunca hay que descuidar ningún aspecto por muy prescindible que nos pueda parecer. La historia de cómo se creó la muralla china para protegerse de la invasión de los mongoles, nos hace reflexionar sobre esta idea.

Efectivamente los adversarios no pudieron derribarla, pero lo que sí consiguieron, fue sobornar a los guardianes de las puertas y que éstos les dejasen entrar a través de ellas.

A veces, son los pequeños detalles los que nos hacen perder la jugada.

Si una gota da vez tras vez a la roca por una grieta, la roca tarde o temprano será fragmentada.

Recuerda, mente fresca hasta el final.

Aprendiendo del águila

El águila tiene detrás una historia de la que muchos podemos aprender. Quizá nunca te ha llamado la atención lo suficiente, pero tras estas líneas descubrirás porqué es tan especial.

El águila es un animal que tiene desde una distancia de mil metros muy claro cuál es su objetivo y desde el aire a ciento sesenta km/h es capaz de alcanzarlo. Mucho más rápido de lo que alcanza mi coche por autovía.

La fidelidad que tienen entre ellas es destacable. Para que un águila hembra acepte a un macho como pareja, necesita un tiempo de cortejo, en el que éste la persigue y le demuestra su interés. Tras el tiempo que ella considera adecuado, ella le ofrece la patita y permanecen juntos. Su amor desde ese momento es eterno y si la hembra muriese dejando crías, el macho se haría cargo de ellas, algo que no sucede en otras especies animales.

El desconocimiento suele reinar detrás de muchas cosas, yo antes de conocer esta historia no imaginaba que el águila fuese un animal tan fiel.

Siempre es un buen momento para aprender de temas de los que no tenemos ni idea, con ello conseguimos abrir nuestra mente y saber acerca de temas muy diversos.

¿Te ha pasado alguna vez que sientes que te interesas tanto por una temática concreta que las otras las descartas de pleno porque sientes que le robas tiempo a la tuya?

Tenemos que tener tiempo para nuestro tema favorito y para otros más. A más aprendamos, más cultura general tendremos y más temas de conversación podremos tener con los demás.

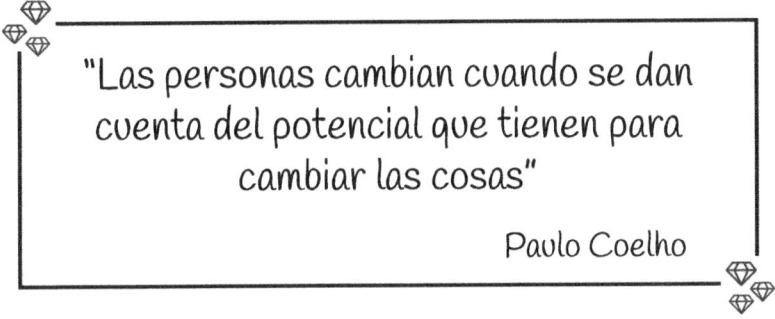

"Las personas cambian cuando se dan cuenta del potencial que tienen para cambiar las cosas"

Paulo Coelho

Así que, no te cierres en banda cuando te hablen de águilas...

En una de las conferencias que impartió Anxo Pérez preguntó: ¿qué es lo más importante que debemos tener para llenar un vaso de agua? Los oyentes contestaron: una persona que lo llene, el agua, el vaso...

La respuesta fue clara: <u>lo más importante es tener el vaso vacío</u>. Debemos vaciarnos para poder volvernos a llenar con nuevas ideas, y así avanzar.

Debes de sentarte, sacar tiempo para ti y reflexionar en qué va a ser aquello en lo que pongas todas tus energías. En qué fortaleza vas a desarrollar.

Toma la decisión de ir a por todas en el propósito de tu vida.

Tú tienes una fortaleza que te diferencia del resto, un algo, que se te da tremendamente bien, quizá no lo valores lo suficiente porque lo haces con pasión, se te da bien y piensas que al resto también se nos da bien, y no es así.

Debes reflexionar sobre tus puntos fuertes, tus grandes diamantes como les llamo yo.

A mí el mundo del crecimiento personal es algo que me ha apasionado desde siempre, es algo en lo que paso muchas horas sin darme cuenta, me gusta conocer, aplicar y con lo aprendido sembrar semillas de oro en otros.

Pero en cambio, la parte musical no es mi fuerte, me encantaría haber sabido tocar un instrumento como el piano, pero sé que requiere tiempo y que no tengo la paciencia de aprenderlo ahora. Pues sé que con ello le estaría quitando tiempo a otras cosas que me gustan más, como de la que te acabo de comentar; y no estoy dispuesta.

> No le voy a pedir manzanas al naranjo. Debo ser más astuta y pedirle las manzanas al manzano. Debo aplicarme y potenciar aquello que me gusta y siento que se me da bien.

Igual que no se le puede pedir al pez que trepe árboles. Dejemos al pez que haga lo que mejor sabe hacer que es nadar. El mono ya se encargará de trepar árboles. Si en los animales lo vemos tan claro: ¿por qué nos cuesta tanto verlo en las personas? **Nos empeñamos en querer ser buenos para todo y terminamos siendo mediocres en todo y buenos en apenas nada.**

Cuando te desarrollas en lo que te apasiona cambia tu actitud ante la vida. Pues te sientes más pleno y satisfecho.

Un estudio de la Universidad de Yale sentenció que el éxito de la gente en su trabajo se debía en <u>un 85% a su actitud y en un 15% a su calidad técnica.</u>

Por eso, vemos a personas que saben mucho pero que no tienen ganas de trabajar, que sólo están en su puesto de trabajo por cumplir un horario. Y a las que tan sólo con verles la cara se te quitan las ganas de que te atiendan.

En cambio, ves al novatillo con unas ganas y energías increíbles y prefieres que te atienda él. Quizá no sepa mucho, pero no le frena, lo que no sepa lo pregunta y al final recibes la misma atención pero con más calidad, gracias a la actitud.

Recuerdo ahora un episodio bastante bochornoso que recibí por parte de una compañera cuando estaba trabajando como enfermera en un hospital. Ella tenía más años de experiencia que yo y se sentía superior a mí, por lo que no tenía problema para desacreditarme así que no dudó en hacerlo, y en público.

Te cuento que pasó...

> En aquel momento trabajábamos con informes en papel, yo había atendido al paciente y tras verlo devolví su documentación a un casillero que hay destinado para ello, ahí se queda hasta que otro profesional (un médico, enfermero, auxiliar...) lo requiere y lo toma.
>
> Esta persona fue a buscar el historial y no estaba, en teoría yo fui la última que lo vio, así que empezó a acusarme de haberlo perdido delante de todo el personal sanitario y de los pacientes que estaban cerca, incluido el paciente. Fue muy, muy bochor-

noso, ni te imaginas y además, preocupante, pues es documentación confidencial y es un marrón que eso pase. Creo que me puse de todos los colores.

Yo en el fondo tenía mi conciencia tranquila, pues en el trabajo suelo ser muy metódica con estos asuntos para evitar ese tipo de errores. El problema era que no sabía dónde estaba la documentación y no podía devolverla. Pasado un rato, quien cogió la documentación la devolvió a su casillero y esta persona vino a pedirme disculpas en PRIVADO.

Las recibí, pero a la vez me pareció muy feo que la humillación la hiciese en público y las disculpas las pidiese en privado.

Cuando alguien hace algo así es porque su ego no le deja hacerlo de otra manera, quiere seguir siendo la persona que está por encima tuya y realmente no siente de verdad ese episodio.

Yo simplemente lo dejé pasar. Aunque en esta persona nunca más volví a confiar e intenté por todos los medios no volver a tratar más con ella, pues sentía que en cualquier momento podría suceder otro episodio bochornoso.

Esto me sirvió como lección para aprender que **las muestras de estima hacia una persona las debo dar en público para reconocer la valía de esa persona y las incidencias solventarlas en privado.**

Cuando haces eso, estableces mejores relaciones con las personas, pues ambas os sentís bien. Uno se siente bien cuando habla bien del otro y el otro por obtener el nuevo lugar que se le ha dado.

Sal a ganar... no a participar

En la vida si algo me ha quedado bien claro a base de experiencia es que no se puede ir a medias tintas. **Si sales a jugar que sea a ganar.** Si emprendes un proyecto que sea para ir a por todas. Si te involucras en algo que sea hasta el último pelo de tu cabeza.

Haz las cosas para triunfar, de lo contrario no las hagas.

● ●

Si vas probando, o si vas a ver si hay suerte… siempre te quedarás a medio camino. Serás mediocre, que significa: "a mitad del camino". Debemos ser excelentes en aquello que hagamos.

● ●

Me encanta la distinción que nos hace Stamateas entre escasez y pobreza.

◆ **Escasez:** falta de recursos.

◆ **Pobreza:** es estrechez mental, pensamientos limitadores.

Debemos ver la vida con amplitud mental, si ahora no tenemos los recursos que necesitamos para empezar, tendremos que encontrar la manera de obtenerlos. Si no es posible, buscaremos un plan en el que con menos podamos alcanzar más.

Tenemos como ejemplo a emprendedores que empezaron sus negocios en el garaje de su casa y no abrieron locales hasta que obtuvieron los recursos económicos necesarios. La falta de dinero no fue un impedimento. Algunos de ellos fueron: grandes personajes públicos como Steve Jobs o Bill Gates, y otros menos conocidos y anónimos como zapateros, mecánicos, entrenadores personales...

La mente es la única que podrá ponerte límites, Franklin Roosevelt, era paralítico y eso no le impidió ser presidente de los Estados Unidos.

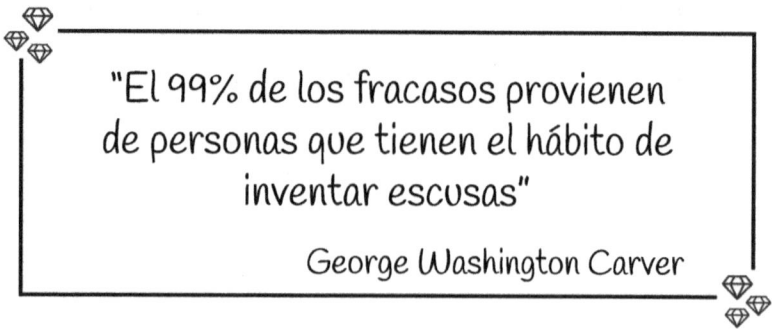

"El 99% de los fracasos provienen de personas que tienen el hábito de inventar excusas"

George Washington Carver

Lo que hacemos con los recursos que tenemos nos distingue a unos de otros de forma abismal.

Vemos a personas que con grandes sueldos pierden todo el dinero que ingresan e incluso pueden llegar a endeudarse. En cambio, otras con poco son felices, saben gestionarlo mejor y si hacemos balance, tienen más dinero que los que ingresaron mucho más.

Puedes ser pobre ganando mucho, pues si al mes ingresas 10.000 dólares y gastas 15.000 dólares, eres más pobre que uno que ingresa 1.200 dólares y gasta 800 dólares.

Seguimos...

Embarazarse de los sueños

Mientras escribo este libro estoy embarazada de mi primera hija, la siento como algo muy especial que **aún no puedo ver pero que sí puedo sentir** gracias a sus movimientos.

Los sueños o los propósitos son como ese bebé que llevamos en la barriguita nueve meses, no podemos verlos o saber cuando se harán realidad, pero sabemos que **si los alimentamos crecerán, se harán grandes y un día podremos darles a luz.**

Si tienes pasión por tu sueño, crees en él y lo alimentas, no hay duda, un día se hará realidad.

Cuando a Guy Greski, considerado el mejor jugador de hockey, le preguntaron sobre porqué creía que era considerado el mejor jugador, Guy respondió: "Casi todos patinan hacia donde está el disco, pero yo patino hacia donde el disco va a estar".

Debemos ser visionarios, centrarnos en el final, en dónde queremos llegar y de ahí tirar hacia atrás para conocer los pasos que debemos dar.

Cuando tienes una visión de futuro, se puede decir que tienes fe. Cuando no confías en que tu propósito se haga realidad es cuando has perdido la fe. Guarda esa fe, que nadie te la arrebate, pues mientras exista, tu propósito existe.

Nadie puede detener a una persona inspirada.

No tienes que darle explicaciones a nadie, sólo a ti mismo, trabaja duro en pos de tu propósito. **Haz como el bacalao que pone mil huevos en silencio, en lugar de ser como la gallina que sólo por poner un huevo se pasa todo el día cacareando.**

A menudo el que menos sabe es el que más habla.

> "Si no quieres ver frustrados tus deseos, jamás desees más de aquello que sólo de ti depende"
>
> Epicteto

Nadie va a venir a darte el mapa del camino al tesoro, quizá ni exista el mapa. Quizás tengas que ser tú el primero en escribirlo. No esperes nada de nadie, no hay secretos, palabras mágicas, ni llaves ocultas... La única forma de alcanzar algo es ponerte en marcha.

Las palabras motivadoras, las frases o los libros te van a servir para arrancar, el resto lo tienes que poner tú. **Quien busca, encuentra. Pero si no buscas es imposible que halles nada.**

No hay mejor momento que ahora, YA ES EL MOMENTO. Si esperas que todo sea más sencillo, que cambien las circunstancias, que alguien te apoye... Estarás perdiendo el tiempo. **Llegará alguien que no espere ese tiempo y hará realidad tu idea.** Pasará de ser tu genial idea a ser su idea.

Puede que el camino sea dificultoso, puede serlo incluso más de lo que ahora mismo imaginas, pero las dificultades y los retos se solventan según surgen. No antes.

Lo único que te hará fuerte y te permitirá seguir adelante es ser libre de las opiniones de la gente. ¿Un amigo no te apoya o desconfía de lo que haces? ¿No te preguntan por el lanzamiento de tu proyecto? ¿Quieren que te mantengas donde estabas? ¿Te sientes solo? Que les den... **Si con eso esperan frenarte, que sigan esperando.**

"A los dieciocho me preocupaba por lo que la gente decía de mí; a los cuarenta no me preocupaba lo que la gente pensaba de mí; y a los sesenta me di cuenta de que nunca nadie había pensando en mí"

John Maxwell

Supera tus desafíos

Dicen que se considera inteligente a una persona cuando comete un error y aprende de él. Pero hay un grado más, el que aprende de los errores que comenten los demás.

Ese es un sabio.

Hay una historia real que muestra la diferencia entre un modo de pensar centrado en el éxito y otro centrado en el fracaso. De seguro, te va a gustar...

> Watson dirigía en ese momento IBM, y un error cometido por uno de los gerentes le costó a la compañía nada más y nada menos que 10 millones de dólares. El gerente acudió a hablar con Watson.
>
> - Supongo que estoy despedido. – Dijo el gerente.
>
> - ¿En serio? ¿No le parece que es su mejor momento? Acabamos de invertir 10 millones de dólares en su formación.

Un mensaje brutal, **el que tenga oídos que escuche**. No puedo ni imaginar la cara que se le quedaría al gerente. Estoy segura que desde entonces este señor ha sido el trabajador más fiel que ha tenido la compañía. Eso es creer en alguien.

Todos vamos a cometer errores, pero eso no significa que sean un fracaso. Simplemente, son la posibilidad hecha resultado. Vamos mejorándonos cada día.

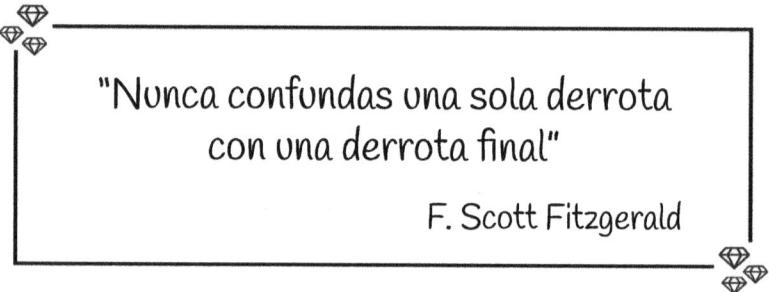

"Nunca confundas una sola derrota con una derrota final"

F. Scott Fitzgerald

Aún así, puede que tengas algún día *torcido*, puede que ese día levantes un poco más la voz a tu pareja, luego te arrepientas y le pidas perdón. **El problema no es un día suelto, todos tenemos malos días, el problema está en cuando lo haces de continuo.**

En ventas, se habla de la **relación matemática entre éxito y fracaso**. Voy a explicártela por si no has oído hablar de ella.

Imagina que te dedicas a vender a domicilio un producto; tocas a veinte puertas y de esas veinte:

- **Diecinueve** son un *no*.

- **Una** es un sí (una venta).

Tu fórmula de éxito es 20:1. <u>Si quieres tener una venta, necesitarás tocar antes 19 puertas</u>, si quieres dos ventas, necesitarás tocar 38 puertas. No puedes entristecerte por llevar quince puertas sin ventas, tienes que alegrarte, pues ya van quedando menos para el sí. No podemos esperar que todos nos den el sí, eso es una utopía.

Es matemática, ésa es la media que necesitas seguir para tener éxito, pero si en lugar de pensar así, cuando vas por la puerta 18 te desanimas y pierdes la motivación, te habrás quedado cerca de haber alcanzado la venta.

El éxito funciona así, puedes contar con fracasos previos pero eso no significa que detrás no vaya a estar el éxito. Es un camino con baches que hay que superar.

"Inténtalo y fracasa.
Pero no fracases en intentarlo"

Stephen Kaggwa

*Sólo quien lo vive con fe,
será capaz de acabar el camino.*

El Dr. Robert Resnick, un psicoterapeuta, construyó una fórmula para la responsabilidad. Esa fórmula es la siguiente:

Evento + Respuesta = Desenlace

La respuesta que tú tengas ante un evento será la que marque la diferencia. Es lo que hacen las personas que alcanzan el éxito, frente a las mismas circunstancias que hicieron que otras cayesen abatidas.

Pongamos un ejemplo de un evento que nos afecta a todos: **la fuerza de la gravedad**. Es algo que está ahí, lo sabemos y no la rebatimos, de hecho la podemos usar a nuestro favor o en nuestra contra. No es buena, ni mala, es neutra.

- ♦ La *usamos mal* cuando caemos desde una escalera por no haberla estabilizado antes de subir.

- ♦ La *usamos a nuestro favor* en los deportes: en el tiro con arco, en el baloncesto, en el golf...

Los conocidos como factores limitantes, no pueden ser los que te estén limitando, pues piensa que otros rompieron esos mismos límites. Y ellos no son más que tú, simplemente fueron más valientes.

Merece más la pena tener cicatrices por valiente que tener la piel intacta por cobarde.

Tú también puedes tomar la decisión de romper con los límites.

La depresión blanca

Se esta dando en nuestra sociedad un fenómeno que en psicología se conoce como **depresión blanca.** Suele darse en personas jóvenes menores de treinta años, estas personas no sienten deseos o entusiasmo por nada. Si encuentran pareja, no se entusiasman, si encuentran trabajo lo viven como un hecho más... Es difícil conseguir que se sientan impactadas.

Muchas personas viven sus vidas como si estuvieran adormecidas, hacen las cosas por hacer, sin seguir ninguna lógica. Y si les preguntas acerca de porqué hacen lo que hacen, te podrán responder: "Es lo que hay".

Luego hay unos pocos, un porcentaje muy reducido, que viven sus días con entusiasmo, los días del año que te los encuentres bajos de energía escasos van a ser, todos conocemos a alguien así.

Andamos perdiendo el tiempo en aspectos triviales de la vida, nos alimentamos mal, cotilleamos de la vida de los demás, no hacemos ejercicio, antes de nutrir la mente con libros preferimos pasar la tarde viendo series vacías, gastamos más de lo que ganamos, no pedimos lo que queremos y sí nos quejamos de lo que no recibimos...

Si quieres que tu vida adquiera un sentido especial recuerda lo siguiente: **el secreto de tu felicidad se halla escondido en los pequeños hábitos con los que estás componiendo tus días.**

• •

Apóyate en la Ley del Flujo:

"cuánto más rápido te muevas,

más energía tendrás".

• •

Comienza a orientar más tu vida a la acción, en lugar de a la planeación, sino te quedarás estancado, y pronto llegarán 10 y te sobrepasarán.

Como dice mi mentor, al universo le gusta la velocidad.

• •

El lugar en el que hoy estás, es tu punto

de partida, te hallas al inicio de una

experiencia increíble.

• •

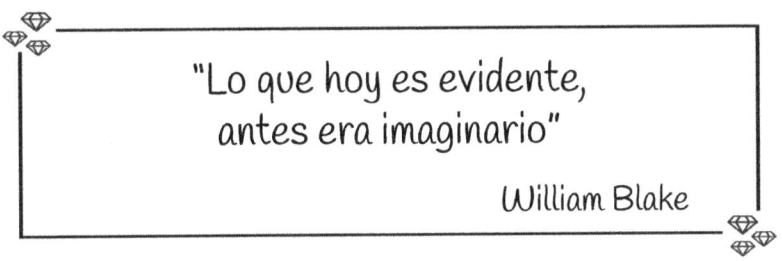

"Lo que hoy es evidente, antes era imaginario"

William Blake

Si uno cambia su forma de pensar, cambiará su forma de vivir.

Se obtienen los resultados para los que estamos programados. Nuestra programación mental es muy importante. Las grandes compañías lo saben, todo está en la mente, por eso invierten tantísimo dinero en neuromarketing.

Imagina que ahora recibes un *bonus extra* en tu nómina de 1000 dólares. Tienes 2 opciones:

◆ Gastarlo todo en un nuevo reloj, modelo exclusivo:

- ◊ Habrás perdido todo el dinero a largo plazo.

◆ Invertirlo en una formación:

- ◊ A largo plazo puede suponerte un ascenso, y mayor sueldo. Has hecho una buena inversión. No sólo se invierte en bienes inmuebles.

Imprime una diferencia en el mundo

Cuentan que había una chica que se hallaba a orillas del mar recogiendo estrellas de mar y devolviéndolas al agua. Un hombre se le acercó y le preguntó:

- Joven ¿por qué estás recogiendo las estrellas? No ves que hay montones de estrellas marinas ¿qué lograrás salvando a unas pocas?

Cogiendo la siguiente estrella marina, y mostrándosela al hombre la joven respondió:

- Para esta estrella sí habrá merecido la pena.

No sólo sirve el enfoque de salvar a la humanidad de algo, a veces con que lo que tú hagas le sirva a una sola persona, ya habrá sido un éxito. Muchos se olvidan de la individualidad, sólo ven las cifras grandes, pero es que persona a persona es como se forma la colectividad, y todas ellas son importantes.

No dejes que las cifras te frenen.

> "Lo que haga diariamente determinará lo que sea en el futuro"
>
> Miles Murdock

Recuerdo estar en un evento, subirse al escenario una persona y agradecerle al conferenciante el hecho de existir. El espectador, reconoció haber estado apunto de quitarse la vida y gracias a las palabras del conferenciante, algo en su interior hizo "click" y salvó su vida.

Nunca sabremos a quienes puede impactar nuestro mensaje de una manera extraordinaria.

Nunca dejes de aportar. Como dice el dicho: *haz el bien y no mires a quien.*

Los sueños no tienen límites

Tener un sueño por el que luchar te hace reconocer a la persona que verdaderamente eres, pues vas a sacar lo mejor de ti para alcanzarlo. **No se trata de quién eres hoy, sino de en quién te vas a convertir.**

Kemmons Wilson, fundador de los hoteles Holiday Inn nos dice: "Si usted no tiene entusiasmo, no tiene nada".

Tu sueño debe inspirarte, motivarte, pues los cambios que tendrás que hacer serán tan grandes que necesitarás tener un gran propulsor.

Hay personas que realmente son *pasivas*, que se dicen a sí mismas y a las demás: *"es mi forma de ser, no lo puedo remediar"*, *"siempre me sale actuar así, que le voy a hacer"*... Frases como estás les dejan estáticos. **Para lo único que les sirve es para justificar su comportamiento.** Si hablan de esa manera nunca se convertirán en su mejor versión.

"Haz lo que tu corazón considere correcto, serás criticado de cualquier forma. Te maldecirán si no lo haces y te maldecirán si lo haces"

Eleanor Roosevelt

Los japoneses se dieron cuenta de que si a una cría de tiburón la pones en una pecera, ésta no crece. En cambio si la dejas en el mar se convierte en el tiburón que vino a ser.

Yo te pregunto: ¿Y tú, que limites te estás poniendo que te impiden crecer?

Cuando tengas un sueño, trabaja con fe en él, eso será lo que te mantendrá en pie cada día. No hay nada mejor que vivir con ilusión el día.

"No es porque las cosas sean difíciles que no nos atrevemos. Es porque no nos atrevemos que las cosas son difíciles"

Séneca

Gandhi, fue uno de los soñadores que creía más firmemente en su sueño, por ello, hoy seguimos hablando de él y pasó a la historia. Creó una revolución pacifista en la que luchó por los derechos del pueblo. Consiguió llevar a su país, la India, a la independencia. El tener unos ideales tan claros le costó su arrestó en numerosas ocasiones.

Un <u>sueño debe de ser inflexible</u>, rígido, innegociable, lo que sí que debe der ser <u>flexible es el camino</u> que sigamos hasta él. Pues cuanto más sepamos acerca de él, más rápido avanzaremos y más vías alternativas encontraremos.

Para llegar a él, iremos pasito a pasito… ¿Cómo se come un elefante? Bocado tras bocado. ¿Cómo se construye un edificio? Ladrillo tras ladrillo. ¿Un sueño? Meta tras meta.

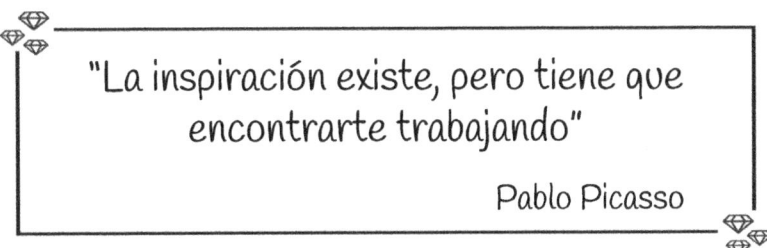

"La inspiración existe, pero tiene que encontrarte trabajando"

Pablo Picasso

Sólo hay un lugar donde los sueños no se cumplen y son robados. ¿Adivinas cuál? Exacto, el cementerio. En el se hallan los libros que nunca fueron escritos, los lugares que nunca fueron visitados, los *"te quiero"* que nunca se dijeron, los abrazos que no se dieron… Día tras día, revisa en qué lugar estás, si estás más cerca o más lejos de tus sueños y reconduce tu vehículo.

Aquellos que lograron alcanzar sus sueños, descubrieron que el secreto no era trabajar más duro, sino trabajar más inteligentemente.

Define bien lo que deseas, sé específico. Winston Churchill, decía que sólo leería correspondencia que se limitase a una sola página: "*Si usted no puede limitarse a una sola página, usted no conoce bien el tema*".

A veces, nos desviamos del camino, pues son muchos los focos que nos empiezan a deslumbrar por el camino.

> No queramos hacer todo, queramos mejor, hacer lo importante.

No pierdas el foco

Hay personas que no logran ver resultados en lo que están haciendo, para ellas Tonny Robbins tiene una frase: "Si haces lo correcto en el momento incorrecto, lo que obtienes es sufrimiento".

Las preguntas necias traerán a tu vida respuestas necias. Imagina que quieres adelgazar y te preguntas: "¿por qué sigo estando como una foca a pesar de todo?" Tu cerebro deberá responder a esa pregunta. Él actúa como un ordenador a cada orden, una respuesta.

Así que la respuesta necia podría ser: "*porque tu constitución es así, porque tus esfuerzos no son suficientes, la genética es la genética...*"

Sólo las preguntas inteligentes, obtendrán respuestas inteligentes.

Mejor hazte la siguiente pregunta: ¿cómo podría bajar de peso? Y recibirás una respuesta inteligente: haciendo deporte 1 hora diaria 4 veces por semana, comiendo más balanceado, caminando en lugar de tomar el coche, cuando me quiera tomar un bollito me tomaré una pieza de fruta...

Así es como nos debemos hablar. Así es como podemos extraer pepitas de oro.

La lista del éxito

Una escritura antigua reza así: *"esfuérzate por lograr la perfección"*. **Esforzarte por alcanzarla no significa que vayas a alcanzarla, pero sí que estarás más cerca de ella.**

Lo que cuenta y mucho en tu vida, es la mejora continua. Ésta te servirá para comunicarte mejor que hace un año, para crear mejores proyectos que el año pasado, para tener relaciones mejores que el año pasado...

El paso a paso hacia tu sueño se podría resumir en lo siguiente:

1. Decide lo que quieres

♦ ¿Qué tipos de experiencias quieres vivir?

♦ ¿Cuánto dinero deseas tener?

◈ ¿En qué clase de persona te quieres convertir?

◈ ¿En qué quieres trabajar?

◈ ¿Dónde deseas vivir?

Puedes hacerlo también en pareja o incluso con tus hijos. Será una hermosa visión de futuro y un mapa hacia dónde guiar vuestras vidas.

¿No es maravilloso?

2. *Haz una lista*

Tómate un tiempo y haz una pequeña lista.

Establece objetivos que te hagan crecer, que te hagan mejorar, que te hagan ser tu mejor versión. Escógelos bien:

◈ No deben ser demasiado pequeños. Deben estimularte a cambiar, a sentir el deseo de instruirte, de leer más, de esforzarte...

◈ Escojas lo que escojas, que sea acorde a tus valores. Si tu familia es lo primero en tu lista de valores, piénsate muy bien si el irte a vivir lejos de tu familia por un tiempo es o no una decisión acertada.

◈ Lleva cuidado en quien te conviertes por perseguir tus objetivos. No vendas tu alma al diablo.

3. Crea nuevas listas según cambien tus prioridades

Crea nuevas listas con tus deseos actualizados, es normal que a medida que crezcas personalmente se modifiquen tus intereses, ¡y eso es estupendo! Aún así, conserva las viejas listas, te servirán como guía de todos los pasos que has dado y de cuánto has crecido.

4. Marca todo aquello que consigas

Verifica y tacha de la lista todas aquellas cosas que vayas logrando. El placer de ver cómo se van haciendo realidad todos tus deseos no tiene precio.

Pon en tu lista pequeños deseos que quieras ver cumplidos, pues si sólo pones grandes objetivos, apenas mirarás tu lista porque no tendrás nada que tachar, la verás muy de vez en cuando.

Pues si vas cumpliendo pequeñas metas, como comer en ese restaurante tan chic que han abierto, que a priori para anotarla puede parecerte una tontería, no dejará de ser un logro y hará que leas más a menudo tus grandes sueños. Esto te mantendrá enfocado.

Es tu lista personal así que todo aquello que pongas estará bien, nadie la va a leer, da igual si lo que deseas es superficial, ostentoso o simplón. Lo que sea importante para otro, no tiene porqué serlo también para ti. Son tus deseos y punto.

> Cuando alcances lo que deseas te darás cuenta que lo valioso en tu vida, no son las cosas que alcanzaste sino en lo que te convertiste para poder alcanzarlas. Eso es lo verdaderamente valioso.

Lo valioso no está en lo que uno posee, sino en quien se ha convertido mientras iba tras ello.

Lee libros, ve a grupos donde te hagan esforzarte, desafía tus conocimientos actuales...

Lo negativo existe...

Aprende que lo negativo en la vida también existe. Igual que existe lo positivo. Es absurdo querer tener siempre una mente positiva y evadir lo negativo, ¿por qué evadirlo si sabemos que existe? ¿No será mejor enfrentarnos conscientemente a ello?

Es parte de la experiencia de estar vivo, y sí, por supuesto que lo negativo no es un tema agradable, pero existe y es mejor hablar también de ello.

No se debe ignorar esto, no se puede mirar hacia otro lado. Imagina que tras tus vacaciones tienes la casa llena de polvo. Miras para otro lado y dices: *"no hay polvo, todo está limpio, todo está bien"*. ¿No te parece absurdo? Entonces, ¿por qué hay quien lo hace con lo negativo?

El polvo está, existe, hay que limpiarlo, no se puede mirar para otro lado. Podemos encontrar soluciones:

- ♦ Podemos limpiarlo nosotros mismos.

- ♦ Lo puede limpiar otra persona que viva en la casa.

- ♦ Podemos contratar a alguien para que lo haga.

Ante un evento negativo lo mejor que podemos hacer es buscarle solución, en lugar de decirnos absurdas afirmaciones positivas que de poco o nada sirven.

Lo negativo debe ser vencido en tu vida, no evadido. Lo positivo sin lo negativo no existiría. Lo uno sugiere la presencia de lo otro.

Imagina que vas al cine a ver una película romántica y que en esa película desde el inicio hasta el final los protagonistas están dándose caricias, besos, diciéndose palabras bonitas… y no hay drama. ¿No crees que no parece una película muy interesante de ver?

Nos gusta ver una película donde hay amor, pero donde también hay discusión, arreglan un pleito, solucionan problemas de distancia, problemas familiares, alcanzan objetivos difíciles… **Nos gusta la adrenalina de superar una dificultad.**

Eso es la vida. Una mezcla entre el lado positivo y negativo.

Como diría Jim Rohn, no puedes ser una persona positiva todo el tiempo, pues de lo contrario tendríamos que mandarte en barco a "positivilandia".

Existe un refrán que decía mi abuela, con la que siempre tuve un lazo muy fuerte y especial, que dice así: *"no hay boda sin lagrimas, ni funeral sin risas"*. Lo de la boda con lágrimas lo entendí rápidamente, pues se refería a las lágrimas de felicidad, y eso es maravilloso, pude experimentarlo en mi propia boda. Pero, ¿lo del funeral? me pareció grotesco sinceramente; hasta que mi abuela falleció y lo experimenté en mis propias carnes.

Recuerdo estar con la sobrina de mi abuela recordando anécdotas vividas con mi abuela, de repente nos evadimos recordándolas y empezamos a reír de la felicidad de haber vivido esos momentos con ella.

Al igual que cuando estábamos en el funeral había momentos para llorar, hubiese sido muy desagradable que mientras yo lloraba alguien viniese a contarme un chiste porque sea una persona muy positiva. No y no. **En los momentos negativos hay que llorar. Y en los momentos positivos hay que reír.** La vida es equilibrio.

No tengas miedo a llorar.
Llorar no es más que enjuagar los ojos para ver con más claridad.

Nuestro cuerpo funciona igual.

> ◆ <u>Los glóbulos rojos</u> de alguna manera se orientan hacia lo positivo: nutren y alimentan cada una de nuestras células.
>
> ◆ <u>Los glóbulos blancos</u> buscan lo negativo, buscan una infección para atacarla y acabar con ella.

Imagina que no quisieran los glóbulos blancos atacar porque fueran muy positivos en la vida, la muerte andaría muy cerca ¿no crees?

Cambiando el rumbo de tu vida

Es imprescindible que tengas creado tu propio sistema de orientación, para que cada vez que te surja un desafío en la vida o te plantees nuevos objetivos lo hagas hacia el lugar adecuado.

Tu filosofía de vida incluye aspectos tan importantes como el personal, el social o el laboral. En ella están todos los valores por los que tu vida tiene un sentido especial.

Es fundamental tenerla bien clara para evitar los peligros y poder aprovechar mejor las oportunidades.

"Libérate de todas las creencias, de todas las normas. Advierte que vives completamente a base de creencias. Libérate de la información de segunda mano. Ve claramente lo que hay en ti de hermoso. Todo lo que hay en ti es bueno. Contempla la situación con la mente abierta, libre de habladurías."

Jean Klein

Si estás aquí, eres un milagro

Ali Binazir realizó un fantástico estudio para la Universidad de Harvard, a mí sin duda me dejó maravillada, espero que a ti también. Este estudio demuestra que la probabilidad de que tú existas es prácticamente un milagro.

Atento...

- ◆ Probabilidad de que tus padres se conocieran: 1 de 20.000.

- ◆ De que conversaran: 1 de 10.

- ◆ Que tuvieran una segunda cita: 1 de 100.

- ◆ Que siguieran juntos hasta que ella quedase embarazada: 1 de 2.000.

Si se combinan todos estos valores la probabilidad de todo ello es 1 entre 40.000.000. Aunque aún hay más carne en el asador...

A todo ello se suma que, una mujer tiene 100.000 óvulos fértiles durante toda su vida y un hombre 400.000 trillones de espermatozoides y que de todos ellos llegasen a ser tu óvulo y tu espermatozoide los fecundados hace que sea prácticamente un milagro que estés vivo.

Tu pasado no determina tu futuro

Las experiencias de tu pasado forman parte de tu escuela de vida. Nunca dejes que los errores que cometiste en el pasado atormenten tu presente, más bien aprovéchalos y llénate de sabiduría.

Muchos son los que piensan que la felicidad se halla en determinadas circunstancias, creemos que detrás de algo o alguien la hallaremos: un trabajo fijo, una pareja, unos hijos, un coche, una casa, más dinero, más viajes...

Lo triste es cuando al conseguir esas metas se dan cuenta que detrás de ello no se hallaba la felicidad y entonces, la vuelven a buscar por otro lado. **Se pasan la vida esperando a que ese *algo más* llegue a sus vidas para permitirse ser felices.**

No se puede ir como el burro que va tras la zanahoria que está atada al extremo de un palo.

Hay que cambiar la programación mental y las creencias para empezar a darse cuenta de que la felicidad no se halla fuera sino dentro.

Esto se ve reflejado en las entrevistas que hizo la enfermera Ware a enfermos moribundos. Ware decía que **muchas personas no se daban cuenta hasta que llegaban a sus últimos días de que la felicidad es una elección.** A estos moribundos el miedo a la opinión y a la crítica de los demás les paralizó y les hizo fingir vivir una vida que no era la que anhelaban.

Cambia tus creencias, cambia tu vida

Las creencias que te han acompañado a lo largo de tu vida tenían una función: hacer tu vida más predecible. Te han ahorrado tiempo y energía. Te mostraban como eran las cosas, te daban seguridad. **El cerebro no responde aumentando tu felicidad, sino que lo hace en términos de eficacia y ahorro.** Su función primordial no olvides que es la de supervivencia, no la de darte felicidad.

> "Hasta que el inconsciente no se haga consciente, el subconsciente seguirá dirigiendo tu vida y tú lo llamarás destino"
>
> Carl Jung

Para exprimir tu máxima sabiduría debes hacer trabajar en interacción tu hemisferio cerebral izquierdo, que es lógico y racional, **y tu hemisferio derecho** que es intuitivo y creativo.

Tu cerebro es enormemente plástico, puede variar a lo largo de los años, todo lo contrario a lo que se creía años atrás. Anteriormente, se decía que cuando nacías tenías determinado número de neuronas y que éstas se iban perdiendo con el paso de los años. Igualmente, se creía que la personalidad quedaba formada a los 7 años y que era inamovible. Por suerte, la neurociencia rompió todas estas creencias.

> Hoy, se ha visto como la experiencia puede ir modificando la sinapsis neuronal, incluso construyendo nuevos puentes neuronales. Este proceso se lleva a cabo durante toda la vida, da igual que tengas 7 que 77 años. Esto quiere decir que, hasta el fin de tus días puedes estar aprendiendo y mejorando.

Recuerda que una vez una creencia habita en ti, tu sistema de activación reticular (SAR) que se encuentra en tu cerebro se pone a trabajar haciendo de filtro para **mostrarte sólo aquellas cosas que van en consonancia con tu creencia, todo ello de manera inconsciente.** Esto lo que hace es reforzar más y más tus creencias, sean expansivas o limitantes.

Desde tu infancia empezaste a grabar en tu inconsciente limitaciones que no te pertenecían, limitaciones que eran de otros.

> Si alguien trata de decirte que algo no puede ser o no se puede hacer, recuerda que está hablando de sus limitaciones, no de las tuyas.

Aunque creas que ves la realidad tal y como es, déjame decirte que esto no es del todo cierto, **tu cerebro te muestra una pequeñísima parte de la información que le llega.** Esta nueva información seleccionada va a seguir la línea de aquella que ya tienes guardada sobre experiencias anteriores. Con esto lo que hacemos es reforzar aún más las creencias que ya tenemos, pues las estamos alimentando con más información que las justifica.

Recuerda que si estás embarazada comenzarás a ver más embarazadas por la calle, si te casas tendrás la sensación de que todos se casan el mismo año que tú, si te vas a comprar determinado modelo de coche comenzarás a verlo más...

Las creencias de los demás también influyen sobre nosotros, es lo que se conoce como **efecto Pigmalión.** Este fenómeno viene a decir que **las creencias y expectativas que otros tienen sobre ti**, profesores, padres o pareja; **tienen el poder de darte o quitarte capacidad a la hora de alcanzar determinados resultados.**

Aunque existe otro fenómeno aún más importante y determinante, el **efecto Galatea.** Este fenómeno se basa en cómo **la confianza que tienes acerca de alcanzar o no un**

objetivo determinará el desenlace del mismo. Es decir, por mucho que tu entorno confíe en que lo lograrás, si tú verdaderamente no crees en ti, lo más probable es que no alcances el resultado, y viceversa.

"No puedes controlar siempre lo que ocurre en el exterior, pero siempre puedes controlar lo que ocurre en tu interior"

Wayne Dyer

Por supuesto, <u>no todo lo que aprendiste desde la infancia han sido limitaciones</u>, aprendiste millones de habilidades y aptitudes que hoy te permiten ser quien eres. Pero como buscamos la mejora, me voy a centrar en todo aquello que puedas cambiar.

Pero si buscas vivir una vida plena debes dejar de identificarte con todas esas creencias que te han estado acompañando y que no te han dejado avanzar.

> Debes construirte unas a tu manera, a tu medida, no dejes que las creencias que tenía un niño de 7 años sean las que den sentido a la vida de una persona de 20, 30 o 40 años.

Si no lo haces continuarás sintiendo un gran vacío interior que no sabrás como llenar.

> "Querer ser otra persona es malgastar la persona que eres"
>
> Marylin Monroe

Sólo empezarás a disfrutar plenamente cuando reconozcas verdaderamente quién eres y dirijas tu vida de forma consciente. **Deja el modo automático sólo para aquellas tareas rutinarias sin importancia.** Estar alerta tiene un coste energético que no voy a negar, al principio te supondrá un gran desgaste y cansancio, pero a la larga te recompensará.

Conviértete en un observador de tu mente programada, observa tus pensamientos, creencias y juicios. No lo hagas desde el rechazo o la reacción, hazlo desde la neutralidad. **Estás realizando este ejercicio no para castigarte, sino para conectar de nuevo con tu verdadera esencia.** Libérate de aquellas creencias que te hacen ser o responder a los hechos de una forma que no te gusta.

"La felicidad de tu vida depende de la calidad de tus pensamientos"

Marco Aurelio

Jorge Bucay tiene un maravilloso cuento que explica a la perfección lo que pueden llegar a hacer las creencias limitantes que configuramos en nuestra mente cuando éramos pequeños. Es la historia que vivió un elefante encadenado.

La historia cuenta que un niño tras una actuación de circo, se preguntó cómo un animal con una fuerza tan descomunal como la de un elefante podía permanecer atado por una de sus patas a una pequeña estaca clavada en el suelo. Los adultos le explicaron que el animal había sido amaestrado. El niño no entendió porqué si estaba amaestrado, debía estar atado. La respuesta la conoció tiempo después.

El elefante cuando era pequeño estuvo atado a esa misma estaca, con la diferencia de que por aquel entonces él era muy pequeño en comparación con la estaca. El pequeño elefante intentó muchas veces huir de ahí, pero la estaca era muy grande y fuerte en comparación a su pequeño tamaño, así que un día desistió. El elefante creció y mantuvo la creencia de que ya no podría escapar, pues ya lo intentó muchas veces tiempo atrás.

A nosotros nos sucede lo mismo que al elefante. Puede que un día quisiéramos hacer algo y obtuviésemos un resultado fallido, y a partir de entonces grabamos en nuestra mente la creencia de que ya no podríamos lograrlo y desde ese momento nunca más lo volvimos a intentar.

Las «estacas» de nuestro pasado nos siguen manteniendo anclados y no nos dejan avanzar.

"Recuerda siempre que eres más grande que tus circunstancias, eres más que cualquier cosa que te pueda ocurrir"

Anthony Robbins

Empieza tomando acción

Tener un deseo no va a poner a trabajar a tu cuerpo a pleno rendimiento, en cambio las creencias sí que lo harán. Muchas personas creen que con el hecho de desear, de pedirlo o de expresarlo mediante afirmaciones es suficiente. Se les olvida que han de creer en ello fervientemente.

> El doctor Lipton habla en su libro acerca de cómo la función de la mente es la de crear coherencia entre las creencias y la realidad. Es por eso que la mente siempre ajusta el comportamiento de tu cuerpo a las creencias que tiene. Si tu mente cree que vas a resfriarte porque van a bajar las temperaturas, es bastante probable que efectivamente llegues a enfermar.

Seguro que ya has escuchado que las personas respondemos un 90% de las veces en modo automático. Déjame decirte que esto ya se ha estudiado, existen estudios como los realizados en la Universidad de Harvard por Kilingsworth y Gilbert. Ellos demostraron que el **46,9% de las veces ni siquiera llegamos a ser conscientes de nuestra respuesta.** La mayor parte de nuestras vidas sucede en piloto automático, reaccionamos en base a los patrones y rutas mentales que traemos de serie.

Estas rutas son las sinapsis que hemos creado día tras día en nuestro cerebro, son pequeños caminos que fueron creados pisada tras pisada, que de tanto usarlos un día acabaron siendo grandes autopistas.

La forma en la que respondemos a las circunstancias no es siempre la mejor, ni la más adecuada, simplemente es la que hemos aprendido con el paso de los años en base a nuestras costumbres y creencias.

Si te das cuenta, todo lo que hoy das por imposible de llevar a cabo, simplemente es una ruta neuronal desconocida para tu cerebro, y ésta se puede crear al igual que creaste otras muchas.

> Cuando tienes un pensamiento se desencadenan en milésimas de segundo cientos de acontecimientos de los cuales no eres consciente. En base al tipo de pensamiento segregarás diferentes sustancias químicas como: cortisol, adrenalina, glucagón, oxitocina, serotonina... estas sustancias van a actuar

sobre cada una de las células de tu cuerpo provocando diferentes reacciones: placer, seguridad, inferioridad, tristeza...

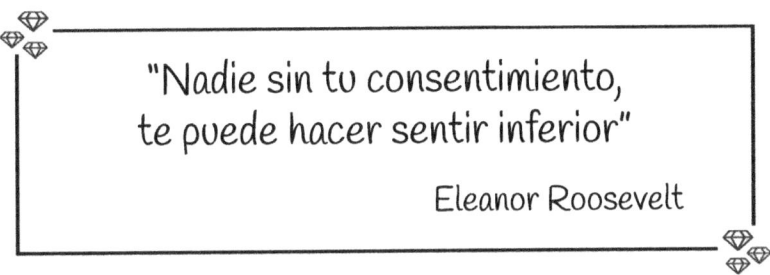

"Nadie sin tu consentimiento, te puede hacer sentir inferior"

Eleanor Roosevelt

Aunque la realidad es más compleja de lo que te acabo de describir, es lo que sucede explicado de manera sencilla. Como ves, cada pensamiento acaba impregnando de una forma u otra a cada célula de tu cuerpo, por eso es de vital importancia ser consciente de ellos la mayor parte del tiempo posible y en el caso de que éstos sean negativos, cámbialos cuanto antes.

Recuerda, si tus pensamientos son positivos las sustancias químicas que circulan por tu cuerpo te harán sentir bien, tranquilo, relajado, feliz... Si de lo contrario esos pensamientos son negativos, las sustancias químicas segregadas te harán sentir mal.

<u>Una sustancia química dura en tu cuerpo un minuto y medio aproximadamente</u>, por lo que si sigues mucho tiempo con esa misma emoción es porque tú la estás retroalimentando, por eso perdura. Si tras una discusión sigues molesto durante horas y horas, ya sabes porqué es.

"Cuida tus pensamientos porque se convertirán en tus palabras. Cuida tus palabras porque se convertirán en tus actos. Cuida tus actos porque se convertirán en tus hábitos. Cuida tus hábitos porque se convertirán en tu destino"

Gandhi

Empieza a sustituir palabras negativas por positivas:

- Problemas → Desafíos
- Tengo que… → Quiero hacer
- Lo intentaré → Voy a hacer

Es imprescindible que tengas en tu pasado las mínimas emociones mal gestionadas.

Me explico…

Cuando tenemos un acontecimiento negativo en nuestra infancia, éste permanece anclado a determinadas emociones negativas. Con el paso de los años, cuando suceda en nuestra vida un suceso similar al de la infancia, de manera automática nuestro cuerpo generará esa misma emoción. **Estarás** reaccionando de la misma manera que si lo estuvieras reviviendo.

Por lo que te conviertes en un adulto reaccionando como un niño, ya que esa emoción mal gestionada aún persiste.

• •

Es como si las situaciones similares que vas viviendo fuesen actualizando esa emoción, dándole más motivos para que persista, pues al no solucionarla la vamos alimentando y la vamos haciendo más fuerte.

• •

> "Comienza a ser ahora
> lo que serás de ahora en adelante"
>
> William James

Apuesto a que has escuchado hablar de **sanar al niño interior**. Este concepto, que proviene del psicoanálisis, explica que **la mayoría de nuestros daños emocionales se dieron durante nuestra infancia.** Por tanto, es importantísimo que busques tus luces y tus sombras, y las trabajes.

De pequeños confiamos en nuestro potencial al 100%, si alguien pregunta a un niño qué quiere ser de mayor, lo tiene claro. Ese niño responderá: *"voy a ser..."*, un niño **pequeño jamás te responderá** *"voy a intentar ser..."* Cree en sus posibilidades.

> Antes de empezar con tus metas, escribe en un papel en qué tipo de persona has de convertirte para lograr todo lo que deseas. Esta nueva perspectiva hará que cuando te plantees objetivos tengas claro tu para qué.

Cuando tengas un <u>para qué</u> bien sólido, el <u>cómo</u> se te hará más sencillo. Muchas personas se quedan estancadas en el "cómo conseguir..." y no saben que ahí no se encuentra la solución.

La importancia de tener las metas claras es que te van a orientar acerca de si estás yendo por el camino correcto o estás andando en círculos. Muchas veces nos ponemos a hacer cosas que no nos llevan a ninguna parte. Seguro que te has acostado un día exhausto y te has dicho: *"pero que día más improductivo, no he parado y siento que no he hecho nada"*.

Tener metas es importantísimo, Napoleon Hill decía que: *"el 85% de los fracasos se debe a la ausencia de propósitos".*

La planificación es importantísima en todo lo que hagas. Imagina a alguien que se prepara para correr una maratón.

Sino planifica correr un tiempo determinado cada día, empezará a dejarlo para "más adelante" hasta que llegará el día que será la maratón y no estará preparado.

Lo mismo ocurre con el que quiere perder 12 kilos. Es imposible querer perderlos de un día para otro. Pero si esta persona se planifica a un año vista y divide esos 12 kilos a lo largo de 12 meses el objetivo empieza a ser más realista y factible.

Por el camino, evita las tentaciones de saltarte los pasos de tu plan.

• •

Recuerda como Ulises en la "Odisea", cuando volvía a casa tenía que tapar con cera los oídos de los hombres y él mismo atarse al mástil del barco para no caer en las redes de los irresistibles cantos de sirenas.

• •

No sé cuáles sean tus tentaciones, pero sean las que sean, ponles remedio y no caigas en sus trampas.

Convierte los tiempos en tus aliados

¿Recuerdas cuando empezabas el curso escolar? Tenías una pila de libros para ti y aquello te parecía imposible de estudiar. Pero como siempre te digo, **el elefante se come bocado a bocado.**

La materia de cada libro se encontraba dividida por trimestres, no tenías un tiempo infinito para estudiar cada tema, los tiempos eran finitos y esto funcionaba.

Usa esta misma técnica de los *deadlines* para programarte, escoge cualquier meta que tengas y divídela en objetivos que desees realizar durante periodos de tres meses. **Divide el año en 4 partes de tres meses y empieza a ponerte objetivos realistas para cada uno de esos trimestres.**

Apunta muy alto

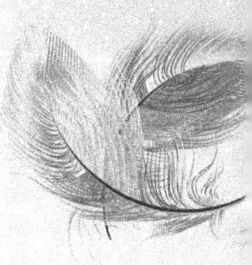

En la vida hay que ser tan inteligente como Miguel Ángel, que pintó su obra en el techo de la Capilla Sixtina... podría haberla hecho en el suelo, pero escogió el techo. **Cuando se crea algo, es importante ponerlo bien alto, ya que si lo pones en el suelo, otros podrán llegar y pisoteártelo hasta conseguir borrarlo.**

No dejes que nadie te diga cómo debes soñar o en qué puedes o no creer. Sólo tú decides en tu vida, así que mejor hacerlo bien y pronto.

Cuando procrastinas lo que estás haciendo es retrasar, retrasar y retrasar algo que sabes que debes hacer, en definitiva es una postergación. **Ser procrastinador no es ser vago, de hecho te puedes mantener ocupado haciendo cientos de tareas que nada tienen que ver con la principal.** Esto suele ser una justificación para no estar ocupándote de lo fundamental.

Lo triste es que lejos de hacerte sentir bien, te crea una nube mental negra encima, ya que sabes que debes hacer algo y no lo estás haciendo.

Lo mejor que puedes hacer por ti es quitarte de encima ese lastre y realizar eso que debes hacer cuanto antes, de esta manera obtendrás calma mental antes.

La procrastinación **suele asociarse bastante a menudo a temas laborales o estudiantiles, pero lo cierto es que esto abarca también los ámbitos más personales.** Un ejemplo serían esas personas que ya no se encuentran en una relación satisfactoria y desean ponerle punto y final, pero por inseguridades o por miedo a quedarse solas no la terminan, y van posponiendo ese momento. Ellas están procrastinando y por desgracia pueden pasarse 3 años, 10 años o media vida al lado de una persona con la que no se sienten feliz.

No hay que tener miedo al cambio o a tomar decisiones.

Cuando entiendas que no es un día más, sino un día menos te romperás la cabeza para alcanzar tus sueños.

Es fundamental tener apertura mental para poder disfrutar del cambio. Si sigues con miedos o sentimientos de pereza, seguirás estancado en el mismo punto.

Genera confianza en ti mismo y disfruta de los cambios para empezar a vivir una gran transformación en tu vida.

No te estoy diciendo que confíes en que todo será fantástico y un camino de rosas, sino de que **confíes en que pase lo que pase vas a aprender y crecer por el camino.**

El plantarle cara a esos miedos y dejar de procrastinar te hará más fuerte como persona. **Verás que tampoco era para tanto y hará que con el tiempo cuando mires hacia atrás te sientas orgulloso de ti.**

• •

Salir de esa zona de confort en la que te encuentras ahora, te hará ver con tus propios ojos que posees habilidades que te permiten salir airoso de situaciones que en un primer vistazo te parecen un mundo.

• •

"Tú eliges hasta dónde y tú decides hasta cuándo, porque tu camino es un asunto exclusivamente tuyo"

Jorge Bucay

En este mundo existe una pandemia que desgraciadamente ya se ha extendido por el mundo entero, esta pandemia se llama *mañanitis*. La *mañanitis aguda* consiste en tener algo pendiente por hacer, dejar que la pereza te pueda y postergarlo para otro día.

¿Te reconoces como un afectado más de esta pandemia?

El primer paso es aceptarlo. El segundo tratarlo, como toda enfermedad tiene un tratamiento y por suerte, esta enfermedad sí tiene cura.

La primera medicina que tienes que tomar es la conocida como *ahorista*, al tomarla notarás los efectos beneficiosos de hacer las cosas el día que corresponden y no postergarlas.

Las claves para superar la procrastinación

- ◈ *Créate límites temporales para hacer tu actividad pendiente.* Las fechas son importantísimas. De esta manera no vaguearás, tendrás una fecha límite que cumplir, tal como la tendrías para un examen.

- ◈ *No caigas en la trampa del perfeccionismo.* Hay quienes esperan que ocurran una serie de acontecimientos para lanzarse a realizar algo. Quien quiere declararse a una persona espera a sentirse más seguro de sí mismo; quien tiene que estudiar espera el día en que esté a pleno rendimiento... Y eso, sólo te hace postergar y postergar lo pendiente. Tienes que lanzarte de una vez por todas a la piscina, o llegarás cuando sea invierno.

- ◈ *Imagina como sería tu vida en un año si no has logrado tu objetivo.* Por ejemplo: piensa como sería tu vida si siguieses sin apuntarte a esas clases de inglés que tanto necesitas para promocionar en tu empresa, piensa en como sería tu vida dentro de un año si sigues alimentándote como hasta ahora lo has estado haciendo, en lugar de adquirir un plan nutricional y perder esos kilos extra que tienes...

Tras esta visualización vamos a hacer una segunda más poderosa aún...

- *Visualiza cómo es tu vida tras alcanzar tus objetivos.* Visualiza lo bien que te sientes contigo mismo, la satisfacción que sientes por haber alcanzado tus metas, lo elevada que se encuentra tu autoestima...

Para llegar a esa meta alcanzada, tendrás que ponerte en marcha, pero antes...

- *Usa el poder de los agradecimientos.* Con esta técnica te sentirás aún más cerca de haberlo alcanzado y pondrás objetivos o pasos a seguir de por medio, lo verás más claro con un ejemplo...
  - ◊ <u>Gracias a que</u> (pon tus pasos a seguir), <u>logré</u> perder mis 6 kilos extra.

¿Y por dónde empiezas cuando la meta a alcanzar es muy grande y estás paralizado?

Sencillo...

- *Empieza por lo que te sea más fácil.* Cuando te pones con las tareas más simples y asequibles consigues entrar en la dinámica de tu proyecto. Tras esto, continuar se te hace más sencillo.

◆ ***Si no cumples, ponte autocastigos que sirvan al menos de algo.*** Te daré dos ejemplos:

- ◊ Económicamente podrías dar cierta cantidad de dinero a una obra benéfica.

- ◊ Hacer actividades aburridas de la casa durante "X" tiempo (el que tú escojas), como la limpieza del sótano.

La fuerza de voluntad

¿Por qué estar motivado no es suficiente?

Alguna vez te habrá pasado que habrás empezado una meta con muchísima ilusión (aprender un idioma nuevo, meditar, hacer ejercicio, dieta...) y al cabo de un tiempo la habrás abandonado.

¿Por qué te sucedió?

Sencillo. **La motivación fue tu combustible de despegue, pero luego necesitabas más carburante para seguir el trayecto**, este combustible era tu fuerza de voluntad y no la tenías lo suficientemente fortalecida.

No esperes que las cosas lleguen a ti sin más, todo requiere algo de ti.

¿Cómo consigue hacerse un empleado parte del equipo directivo de una empresa?

¿Pidiéndolo?

Para nada... Necesitará rendir y formarse más que el resto. Y sólo cuando se convierta en la persona que tiene los conocimientos y habilidades de un directivo podrá optar al puesto que desea. Mientras tanto deberá conformarse con lo que tiene.

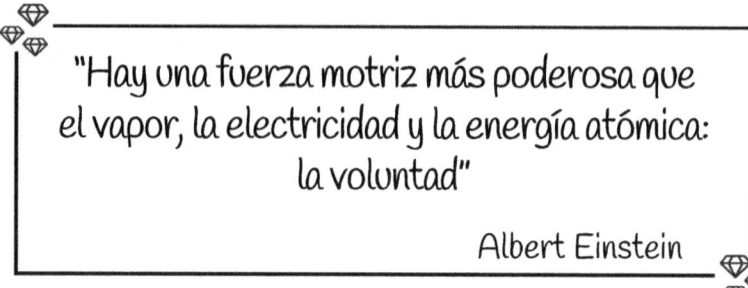

"Hay una fuerza motriz más poderosa que el vapor, la electricidad y la energía atómica: la voluntad"

Albert Einstein

¿Cuánto crece un árbol? Tanto como le es posible. Los árboles no crecen hasta la mitad de su potencial y se detienen, crecen todo lo que pueden, expanden sus ramas y sus raíces todo lo que les es posible.

¿Qué nos detiene a las personas para alcanzar nuestro máximo potencial? <u>Nuestra pereza.</u> Vivimos en el momento de la historia con mayor acceso a la información, el momento con más facilidades para alcanzar cualquier cosa y lo único que hacemos es ponernos trabas.

Dice el proverbio árabe que: *"el que quiere cambiar siempre encuentra una razón y el que no siempre tiene una excusa".*

Cada uno encuentra la manera de seguir con el plan hasta el final, Víctor Hugo se forzaba a escribir desnudo. Sí, sí, como lees, escribía desnudo. Su criado sólo le proporcionaba la ropa al finalizar su escritura. De esta manera, Víctor se veía forzado a tener que escribir sin salir de la habitación.

Al que nunca se rinde,

es difícil superar.

La mayoría piensa que si necesita algo y lo pide al universo éste se lo concederá. Yo te digo que si quieres recibir la cosecha, antes deberás sembrar. La vida dará frutos a los que siembren, no a los que lo necesiten.

• •

A menos que quieras vivir a expensas

de las migajas que los demás te

quieran ofrecer, encárgate de sembrar

aquello que anheles obtener.

• •

> "Las oportunidades están en todos los lugares donde tú estás"
>
> J. Mason

Las circunstancias en las que hoy te encuentras, son fruto de las respuestas que has ido dando a las circunstancias a las que te has enfrentado. He aprendido que no son las adversidades que aparecen en la vida las que determinan tu destino, sino que somos nosotros con nuestra actitud hacia ellas los que marcamos el camino.

Desde la más tierna infancia hemos crecido pensando que somos víctimas de las adversidades del mundo.

¿Quién no ha escuchado alguna vez a una madre decir "silla mala" cuando su hijo a tropezado con ella? En lugar de responsabilizar al niño y decirle que debe fijarse mejor por dónde camina, lo coloca en un lugar de victimismo.

Las personas exitosas saben que deben pagar un precio justo por aquello que desean. Las personas que no tienen ese nivel de éxito quieren obtener lo mismo por un precio más barato o gratis. Por eso fallan y no obtienen nada.

Aprende a pagar el precio justo por lo que cada adquisición haga de ti como persona.

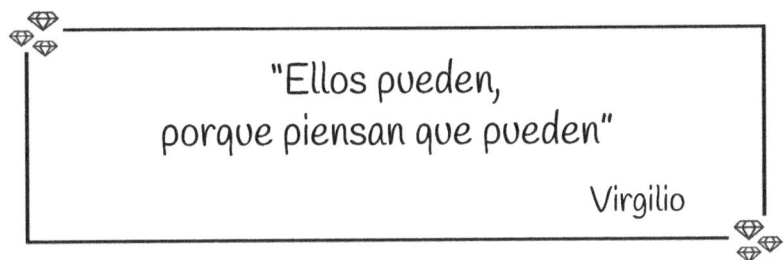

"Ellos pueden,
porque piensan que pueden"

Virgilio

No hay nada más triste en la vida que darse cuenta de todo lo que pudiste alcanzar, en comparación con lo que en realidad has obtenido.

Bueno sí, existe algo más triste y peor que eso, es peor que esto ocurra al final de tu vida y no puedas hacer nada.

La importancia de ser disciplinado

Todos al final de nuestra vida vamos a pagar un precio. El precio sólo se deriva de dos alternativas y éstas son: **el arrepentimiento o la disciplina.**

Te aconsejo que tu precio a pagar sea el de la disciplina. Dicen los sabios que la disciplina apenas pesa unos gramos mientras que el arrepentimiento pesa toneladas.

Bernard Shaw dijo que: **<<Las personas que se saben manejar en este mundo son aquellas que cada día se levantan y buscan las circunstancias que quieren; y si no las encuentran, las fabrican>>.**

La fuerza de voluntad se agota

La fuerza de voluntad es como la batería de tu móvil, empiezas la jornada con la batería al 100% y poco a poco con cada uso que le das, cada decisión que tomas, se va agotando. Hasta que llegas al final del día con la barrita de batería casi vacía.

Es por ello, que **al final del día somos tan sugestionables y somos capaces de caer en tentaciones que hemos conseguido evitar durante todo el día**. Caes en tentaciones como tomarte ese muffin tan delicioso, te dices que *te lo mereces* por la jornada tan dura que has llevado hoy. Y así de rápido tiras por la borda todo tu plan de adelgazamiento.

Te invito a que tomes las decisiones más importantes en las primeras horas del día.

Si tienes una conversación importante pendiente para última hora de la tarde, prueba a cambiarla a la mañana siguiente a primera hora. **Las decisiones tomadas serán mejores para ambas partes.**

En los centros comerciales, todos hemos caído en la tentación de la gratificación instantánea a última hora del día. Si no me crees y no estás del todo seguro, revisa tu armario, te garantizo que encontrarás varias prendas que fueron compradas a última hora de la tarde.

Cada vez más plataformas de compra por internet se aprovechan de esta rendija que tenemos en la toma de decisiones, una de estas plataformas es Amazon. Su botón de *"compra en un click"* es todo un éxito.

> Tu cerebro límbico, el de los impulsos, actúa sin que tenga tiempo el cerebro racional, que es un poco más lento, a participar en la toma de la decisión y caes en la tentación de comprar muy rápido.

El dinero y el éxito

El dinero, actualmente es un tema más tabú incluso que el sexo. Está mal visto preguntarle a alguien acerca de su sueldo o si está contento o no con sus ingresos. Es de mala educación, así nos lo han enseñado. Nuestra educación financiera es bastante pésima.

> Pero, ¿cómo vamos a aprender y mejorar financieramente si no podemos hablar de ello?

"A veces no hay próxima vez. A veces no hay segundas oportunidades. A veces es ahora o nunca"

Bob Marley

Mi gran recomendación es la siguiente:

> Créate un colchón financiero. En estos tiempos tan cambiantes, nunca puedes saber cuando la vida te puede dar un revés. Necesitas tener la tranquilidad de que aún en el caso de que perdieses tu trabajo, podrías vivir un tiempo sin requerir ingresos hasta que encontrases un trabajo en condiciones, sin tener que aceptar cualquier trabajo sólo por falta de recursos.

Debemos desaprender muchas de las cosas que nos han enseñado: el dinero es malo, estudia una carrera para tener trabajo, hipotécate y cómprate una casa pronto...

Es importante que aprendamos a diversificar, que tengamos **varias fuentes de ingresos** porque es un peligro para nuestra seguridad depender de una.

Lo primero que debes hacer es cambiar tu mentalidad porque de seguir haciendo lo que estás haciendo siempre estarías en el mismo punto en el que te encuentras. **Debes tener inteligencia financiera, debes desarrollar una mentalidad generadora dinero.**

Desde la crisis económica, occidente se dio cuenta de que no hacia falta más mano de obra, se dieron cuenta de que **podían sustituirnos por robots en las tareas más mecánicas.** Y se generó un desempleo masivo. Debes mentalizarte y crearte oportunidades. **No podemos esperar que el gobierno venga a salvarnos.**

Todos llevamos dentro un pobre y un rico y aquel que más alimentes, más se desarrollará.

Todos sabemos lo que queremos, pero no lo decimos para no tener que hacerlo porque o bien nos da miedo, o bien no sabemos cómo empezar.

No vale con tener una idea.
Todos tenemos ideas.
Hay que llevarlas a cabo.

Pasa a pensar mejor en quién te debes convertir para conseguirlo. **Porque siendo el mismo que eres hoy no lo vas a conseguir.** Debes transformarte y tener las capacidades y habilidades que tiene ese que deseas ser.

El empleo no te dará libertad económica, aunque sí que te dará dinero, por supuesto. Debes tener otras fuentes de ingresos para poder ser libre financieramente.

"Nos envejece más la cobardía que el tiempo. Los años sólo arrugan la piel, pero el miedo arruga el alma"

Facundo Cabral

Cada uno tiene su opinión acerca del dinero y a veces nos cuesta horrores compartirla con los demás debido a que es difícil llegar a un acuerdo con el otro.

El dinero es energía. Es una forma de intercambio cuando estás ofreciendo valor al mundo. Entonces, si generas abundancia en aquello que haces, lo normal es que el dinero abunde hacia a ti. **Es un intercambio universal.**

Cuantos más problemas graves resuelvas, más dinero generarás.

El dinero y la espiritualidad no deben llevarse mal. Es una creencia limitante que te hace rechazar la abundancia.

El dinero, como dice Sergio Fernández es un amplificador. Es una herramienta que depende en todo momento de quién la utilice y para qué la utilice. **Si tienes una mente pobre y haces tonterías, con más dinero harás tonterías más grandes.** Pero en cambio, si eres una persona que se vuelca con los demás, a más dinero tengas, más acciones buenas llevarás a cabo.

Hay que saber ahorrar en cosas superfluas para poderlo invertir en cosas más importantes. A pesar de ello, hay lujos que te aportan cosas brillantes. Y si te aporta y te hace sentir bien, *¿por qué ibas a renunciar a ello?*

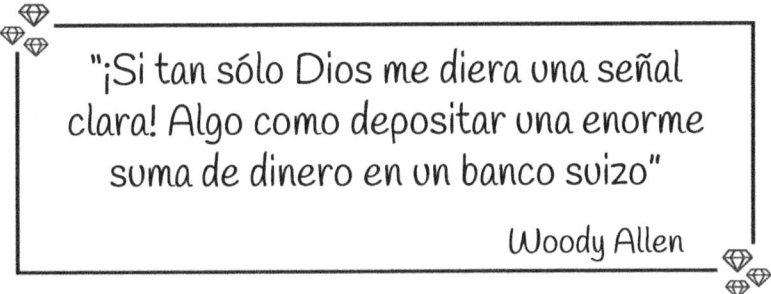

"¡Si tan sólo Dios me diera una señal clara! Algo como depositar una enorme suma de dinero en un banco suizo"

Woody Allen

Cuando todas tus necesidades están cubiertas plenamente, más creativo puedes ser y más puedes disfrutar.

Si me gusta ir a inspirarme para escribir este libro a la playa, sentarme en una terracita y tomar algo allí mientras escribo, ¿por qué no lo iba a hacer? Ese simple hecho hace que me sienta bien y que aumente mi creatividad.

• •

El rico no es rico por tener dinero, lo es por cómo es él, por lo que hace y cómo lo hace.

• •

Aquellos que disfrutan con lo que hacen, que tienen pasión, que aman lo que hacen, al final se hacen ricos. Lo peor que te puede pasar con tu proyecto ¿qué es? ¿qué no salga como esperabas? Créeme, de eso no vas a morir.

¿Y si sí que sale bien? ¡Hazlo!

El Estado no puede decir cuándo te vas a jubilar, ni cuánto vas a cobrar. Porque el Estado mientras te puedas levantar de la cama querrá que trabajes. Haz algo por ti, ponte tu sueldo. **Todos podemos crear ese cash flow (flujo de caja, flujo de dinero) que no nos haga tener el límite de una nómina como techo.**

En la vida hay abundancia, todo está creado así, mira a tu alrededor: si tomas cualquier fruta, por ejemplo, una sandía, verás que contiene muchísimas pepitas que podrán dar lugar a otras.

• •

La vida te traerá todo aquello

que creas que mereces.

• •

Hoy en día, un título académico no marca una diferencia. No digo que no aprendamos o que no nos formemos. Pero ten claro que ya ha quedado patente que esto no va a medir nuestro éxito, ni nos va a garantizar nada. Porque cualquiera puede obtener un título si quiere.

Las personas sólo buscarán de ti resultados.

Eso es lo que debes aportar.

Actualmente, muchos jóvenes de dieciocho años son millonarios. **El dinero no hace el dinero.** En el mundo de los negocios lo que se necesita son ideas disruptivas.

Es cierto que las cosas materiales no te darán la felicidad, pues es un estado interior que se adquiere de otra manera. Pero, es que la pobreza tampoco te dará la felicidad.

Hubo un experimento en el que un niño sólo con la imagen mental del día que le regalaron su juguete favorito, se estuvo sintiendo feliz durante un largo periodo.

Sólo con imaginarlo.

¡Guau!

La mente posee un gran poder.

Cuando tengas una idea y la pongas en práctica, no dudes que los medios saldrán, las personas te ayudarán y el *cómo* también aparecerá. El universo es abundancia.

"Una mente en paz, una mente centrada y que no se centra en hacer daño a otros, es más fuerte que cualquier fuerza física del universo"

Wayne Dyer

El verdadero valor

"Si nadie te ayuda, hazlo tú solo"

Michael Jordan

Un problema al que nos enfrentamos las personas es que cuando hemos invertido dinero en algo, luego nos cuesta horrores el tener que dejarlo ir, ya que hemos pasado a sentirlo como propiedad nuestra.

Lo observamos cuando vamos al cine y la película es malísima, pero como la hemos pagado nos quedamos hasta el final. Esto sucede porque **no nos damos cuenta de la valía real de nuestro tiempo perdido,** sólo pensamos en que si hemos pagado un dinero habrá que aprovecharlo.

También, fuera del ámbito económico, mantenemos relaciones tóxicas con personas que hemos conocido a lo largo de nuestra vida simplemente porque las hacemos muy nuestras y nos cuesta desprendernos de ellas, a pesar de que en la actualidad tengamos poco en común.

> Dejemos de ser como el hombre que gastó más de 2.000 dólares en un juego de feria intentando ganarse un peluche. Este señor se había enganchado tanto a la idea de que tenía que recuperar su dinero que lo único que hacía era perder más y más.

Sin lugar a dudas, a las personas nos cuesta abandonar un proyecto en el que previamente hemos invertido dinero. **Sentimos como si estuviéramos desperdiciando ese dinero y desde pequeños se nos ha enseñado que eso es algo que no hay que hacer.**

Daniel Kahneman hizo un estudio en el que a la mitad de un grupo le dieron tazas. Al grupo de los que poseían la taza se les preguntó por cuánto venderían su taza, y a los que no tenían la taza se les preguntó ¿cuánto dinero estaban dispuestos a pagar por ella? Los que poseían la taza no la daban por menos de 5,25 dólares, mientras que los que tenían que comprarla no pagarían más de 2,75 dólares por ella. **El simple hecho de tener en posesión la taza, hace que ésta se valore aún más.**

Tres últimos consejos:

- ◈ <u>Gasta el dinero con cabeza</u>. Lleva un seguimiento de gastos y reflexiona la compra antes de hacerla. Ya no somos esos niños pequeños que en la juguetería se querían llevar todo.

- ◈ <u>Gasta en lo que te haga feliz</u>: el hecho de llevar una hoja de gastos tiene un sentido. Cuando veas que hay ciertos estados emocionales que se repiten en el tiempo y que te hacen gastar más dinero, podrás corregirlos y tomar medidas. Por otro lado, te percatarás en qué cosas se te va el dinero como ciertas comisiones al sacar dinero de un banco que no es el tuyo. Ese dinero en cambio, podrías invertirlo en un café más delicioso.

- ◈ <u>Ayunos de gastos</u>. Esta idea es genial para concienciarnos de lo que gastamos y de que realmente no siempre es necesaria la compra. Muchos son los blogueros que se han sumado a esta iniciativa. Tú decides si quieres que sea un ayuno de gastos de un día, de un par, o de una semana. El límite de cuánto tiempo estás sin gastar lo pones tú.

> "Muchos hablan sinceramente cuando dicen que desprecian las riquezas, pero se refieren a las riquezas que poseen los demás"
>
> Charles Caleb Colton

El dinero sí da la felicidad cuando se es pobre.
Martin Seligman advierte de que **por encima de unos determinados ingresos, el aumento de tus ingresos no determinarán tu nivel de felicidad.**

Por encima de determinados ingresos, se necesita un aumento drástico de ellos para que éstos produjesen un aumento en nuestro nivel de felicidad.

Es por ello, que jugadores de fútbol bien pagados en su país de origen, se trasladan a otro país porque les duplican los ingresos. Vemos que esto sucede a pesar de tener unos ingresos importantes desde el inicio y de vivir en un lugar en el que son felices.

• •

Dicen que el dinero da el valor de mandar todo al diablo para poder dedicarte a hacer lo que te gusta.

• •

Trae tus objetivos financieros a la realidad:

1. Crea unas metas alcanzables a corto, medio y largo plazo.

2. Crea un balance de tu saldo financiero para saber con qué cuentas como punto de partida (ingresos y gastos).

3. Aprende de los que saben. Estos nos dicen que ahorremos MÍNIMO un 10% de lo que ingreses.

4. Compra solamente lo que realmente necesites y prescinde de gastos superfluos.

5. Intenta gastar sólo dinero en efectivo, ver literalmente como se te va el dinero, hará que automáticamente gastes menos. Duele ver cómo nos va quedando menos dinero en la cartera.

6. Crea ingresos pasivos (royalties de libros, canciones, crea cursos online si te manejas bien en algún tema, alquila inmuebles si tienes, alquila cocheras...).

7. Fórmate financieramente mediante libros, conferencias, cursos...

"Gastamos dinero que no tenemos, en cosas que no necesitamos, para impresionar a gente a la que no le importamos"

Will Smith

Que levante la mano el que no haya escuchado la frasecita: *el dinero no compra la felicidad*. Pero lo cierto es que no tenerlo tampoco ayuda. **Tenerlo nos da tranquilidad.**

Y una persona que está tranquila, es una persona que está feliz.

Dejemos de confundir la pobreza con la humildad, son dos cosas distintas. **La humildad es un valor maravilloso y la pobreza por desgracia es una situación.** El dinero no causa males, los causa la avaricia por el dinero y el egoísmo.

El dinero nos proporciona cosas realmente maravillosas, **es una llave a la libertad.** Te permite hacer elecciones de lo que quieres y puedes ayudar a quien está pasando por apuros. Es un regalo tenerlo.

Es absurdo sentirse mal o culpable por querer tener grandes cantidades de dinero o ¿es que acaso te sentirías mal por querer tener una maravillosa relación con su pareja? Simplemente ambos casos son abundancia en distintos campos, uno en el financiero y el otro en el de las relaciones.

•••••••••••••••••••••••••••••••••••••••

El dinero es neutro, no hace daño a nadie. Sino pon un billete de 100 dólares en la mesa y observa a ver qué pasa. No pasa nada. Lo único que ocurrirá será lo que hagas tú con ese billete.

•••••••••••••••••••••••••••••••••••••••

El dinero te permite tener una vida más cómoda, te permite trabajar menos y pasar más tiempo haciendo aquello que te gusta: caminar, nadar, leer, pasar tiempo en familia, dedicarte a tus hobbies... **Te permite hacer inversiones en ti mismo**: viajes, asistir a seminarios, comprar libros que ayuden a expandir tu mente.

También te ayuda a poder dar más a los demás, apuntar a tus hijos a actividades extraescolares que les gusten, pagaros tardes en parques de atracciones... Te permite ser generoso con los demás.

• •

Con los hijos la mejor receta que funciona es no centrarse tanto en comprarles todas las cosas que nosotros no tuvimos, para enfocarnos más bien en enseñarles las cosas que nunca nos enseñaron.

• •

Pero para tenerlo, primero hay que apreciarlo, ganarlo y luego saber mantenerlo y no malgastarlo en cosas superfluas sólo para aparentar ser alguien que no eres.

Una vez sabes generar dinero te conviertes en el cocinero que sabe una receta y puede prepararla tantas veces como quiera. Si sabes como generar ingresos, podrás seguir generando aunque un día caigas en la bancarrota. **Tienes la receta.**

Debes ser cauto y saber utilizar cada billete que llegue a tus manos para convertirte en mejor persona. No trates de acumular montones de billetitos para hacerte sentir bien y alimentar tu ego.

El tamaño de la felicidad se mide en un corazón lleno de amor, no en una cuenta bancaria llena de ceros.

No seas vanidoso. Cuanto más esencial y económico sepas vivir, menos necesitarás. Siendo honestos, a nadie le importa qué coche lleves, qué ropa uses o si vives en un chalet. **Cada uno está tan pendiente de su ombligo que no se va a parar a fijarse en el ajeno.**

Thomas Gilovich de la Univerdidad Cornell, se ha dedicado a estudiar la felicidad y el dinero, y ha concluido que: "Compramos cosas para ser más felices, y lo conseguimos. Pero sólo por un tiempo. Ya que las cosas nuevas son excitantes durante un tiempo, hasta que nos adaptamos a ellas".

• •

"Adquirir cosas materiales es placentero, pero sólo temporalmente, mientras que las experiencias con el tiempo se vuelven parte de tu identidad"

• •

Algunas historias que en el pasado fueron acontecimientos negativos y estresantes, con el tiempo se pudieron volver historias interesantes y divertidas.

Recuerdo que estando con mi marido en Las Vegas perdimos un vuelo de vuelta al confundir las horas. El vuelo era a las 11 am y creímos que era a las 11 pm. Fue una odisea, pues teníamos que encontrar en ese momento un vuelo nuevo que saliese lo más pronto posible ya que teníamos que estar en Cancún ese mismo día para unas actividades programadas. Pero tras todo ese estrés, cuando obtuvimos nuestros billetes, salimos a disfrutar las pocas horas que nos quedaban por allí y **hoy guardamos aquel día en nuestra memoria en forma de un bonito recuerdo.**

Ahora, siempre verificamos varias veces las horas de los vuelos...

Las enseñanzas del dinero

"Si naciste pobre no es tu culpa, pero si mueres pobre... eso si es culpa tuya"

Bill Gates

En España para desgracia nuestra, seguimos manteniendo un sistema educativo que está obsoleto y que fue creado en la era industrial para obtener mano de obra.

Desde pequeños se nos enseña a estar bajo las órdenes de un superior, en la juventud es un profesor y luego de adultos pasará serlo un jefe, éste nos dictará lo que hay que hacer y el cómo hacerlo.

De pequeños ya se nos enseña a tener unos horarios rígidos de cuándo se entra y cuándo se sale del centro educativo al igual que si estuviésemos en una fábrica. Incluido el tiempo contabilizado para tomar el almuerzo.

Si haces todo bien, tendrás tu recompensa de jóvenes serán sobresalientes, y de adulto serán un sueldo y comisiones.

Muchos jóvenes del siglo XXI están siendo formados por personas del siglo XX que siguen un método del siglo XVIII. ¡Rompamos con ello ya! Hoy tenemos una información súper valiosa a nuestro alcance y contamos personas motivadas y con ganas de ayudar a que los jóvenes expriman todo su potencial.

Donald Trump pasando por alto su política, que ahora mismo no nos interesa para lo que queremos tratar, como empresario es un crack.

Trump perdió todo y consiguió en dos años remontar la situación y recuperarlo todo. Consiguió recomponer las piezas de su compañía y volver a situarse como un referente entre sus competidores.

Esto nos hace preguntarnos ¿por qué Trump sí puede y otros son incapaces de hacerlo incluso con menos monto económico? La respuesta se encuentra en la **mentalidad**. No todo se encuentra en tener dinero como hemos visto, porque él lo perdió todo, se trata más bien de lo creativo y persistente que seas a la hora de generarlo.

Steve Jobs cuando era joven leyó una frase que le marcó, fue un antes y un después en su vida: *"Si vives tu vida como si fuera el último día, algún día tendrás razón"*.

A partir de ese momento se decía a sí mismo: "*Si hoy fuese el último día de mi vida, ¿querría hacer lo que voy a hacer hoy?*".

Todos tenemos un tiempo limitado.

No malgastes la vida viviendo la vida que otros querrían para ti, vive la tuya, porque sólo estás en posesión de esta vida. Sigue la voz de tu alma. Te guiará hacia el conocimiento que necesitas y te acompañará a perseguir tus sueños más anhelados.

La creatividad genera dinero

"No conozco la clave del éxito, pero la clave del fracaso es complacer a todo el mundo"

Woody Allen

La historia del creador de WhatsApp es increíble, te va a servir para inspirarte y darte cuenta que las barreras son únicamente mentales. Jan Koum se mudó a los Estados Unidos desde Ucrania con su madre. En el momento de la mudanza ninguno de los dos sabía inglés.

De forma autodidacta aprendió de informática y sobre la utilización de las redes sociales. Desde la nada creó la aplicación que tanto usamos a diario para comunicarnos gratuitamente.

Gracias a su mente creativa, hizo y vendió su aplicación a la empresa de Facebook. Una idea valorada en nada más y nada menos que diecinueve mil millones de dólares.

Su secreto fue el mismo que el creador de Facebook Mark Zuckerberg, **dedicarse a su pasión**: las redes sociales. Y gracias a su tesón, son hoy recordados y pasarán a la historia.

La libertad financiera debe ser un cambio de programación que hagas en tu mente, tan pronto como puedas hacerlo.

El mejor momento fue ayer, y el segundo mejor momento es hoy.

Debemos tratar de trabajar de jóvenes lo suficiente como para que cuando lleguemos a una mediana edad vivamos con libertad.

¿Cuántos meses o años eres capaz de vivir manteniendo el mismo nivel de vida con el dinero que tienes en el banco a día de hoy?

¿Qué resultado has obtenido? Si las cuentas obtenidas no te han gustado es que necesitas hacer con urgencia **un cambio de vida**.

Para lograr un cambio financiero deberás trabajar más en ti que en la empresa, necesitas ver qué es lo que necesitas realmente.

Poseer dinero te hace vivir la vida que te apasiona. Tienes dos opciones, quedarte con la vida que tienes hoy o trazar un plan de cambio hacia una que te llene más.

"No existen atajos para los lugares que merecen la pena"

Donald Trump

Consigue hacer del ahorro una rutina diaria. **Si quieres ser exitoso haz lo que hace la gente exitosa. Ellos separan de sus ganancias mensuales un 10 % mínimo, otros incluso más,** para sus inversiones o planes de jubilación.

No gastes todo lo que llegue a ti.

La gran mayoría de las personas trabajan para no perder su puesto de trabajo, ni sus vacaciones. Trabajan por miedo. En cambio, el pequeño grupo de mentes ricas piensan de una manera muy distinta. **No venden sus horas por dinero.**

Trabajan por su proyecto, no por horas.

¡Toma ya las riendas de tu vida!

> Valora cuál es la situación económica desde la que partes. No puedes poner tu GPS en marcha, si primero no pones la dirección de salida. Anota cuáles son tus ingresos y gastos mensuales y verifica si tu cuenta queda bien a final de mes o queda en números rojos.

Piensa en las creencias que tiene la gente que hay a tu alrededor. Y antes de dejarte guiar por lo que te digan observa si lo que dicen se refleja en sus cuentas. **No aceptes consejos de nadie sin antes examinar la fuente.**

No todo el que te dé un consejo quiere de verdad que te vaya bien.

"El desafío más difícil es ser tú mismo en un mundo en el que todo el mundo trata que seas alguien más"

E. E. Cummings

Examina antes la fuente. A veces, van con segundas intenciones y quien se beneficia en verdad es el que te está ofreciendo el consejo.

Hay tres tipos de malos consejos:

◈ Hay veces que los consejos están cargados de miedos, te los dan personas que te quieren, pero que según su zona de seguridad o confort no quieren que arriesgues por si sale mal.

◈ Pueden ser consejos de personas que opinan y aconsejan sin tener toda la información que se necesita acerca de tu realidad.

◈ Pueden ser personas envidiosas que no quieren que llegues más lejos que ellas.

A quien actúa de mala fe deséale suerte, porque tarde o temprano la necesitará.

Por lo tanto, debes estar alerta cuando ante una decisión importante estés escuchando consejos.

Analízalos muy bien primero, antes de decidirte.

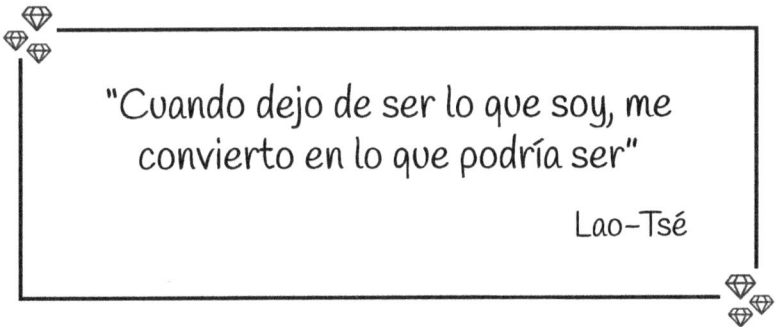

"Cuando dejo de ser lo que soy, me convierto en lo que podría ser"

Lao-Tsé

Ninguna época ha sido mejor que otra para generar dinero. Se suele escuchar es que soy demasiado mayor, demasiado joven, soy mujer... Miles de personas de todas las religiones, razas y niveles económicos han llevado su situación financiera a su máximo nivel.

Una mente configurada para el éxito es imparable.

Un millonario puede caer en la quiebra y en cuanto descuides a remontado su situación. **Conoce las claves del juego.**

Todo se puede aprender en la vida. Nadie nace sabiendo, quizás en tu entorno no conozcas a nadie que tenga el nivel económico que te gustaría. Pero gracias a Internet te puedes apuntar a seminarios con mentores que son buenos en la materia. Puedes leer libros acerca del tema... No hay excusas. Estamos en la era de la información.

¡Exprímela!

Debes pensar como piensan los grandes, si te fijas limitan mucho sus citas y es porque valoran mucho su tiempo. **Saben que cada día, cada hora, cada minuto cuenta. Se irá y no volverá.** No se podrá reemplazar con dinero. El dinero siempre puede volver, el tiempo no.

Por lo que tienen sus horas cotizadas a un nivel máximo. Jamás estarían desperdiciando sus horas en reuniones improductivas, ni con personas que no sumen a su vida.

La gestión del tiempo es primordial. **Ellos siempre disponen de tiempo libre para sus actividades y es innegociable. Por eso son quienes son y les va como les va.**

Cada minuto que pierdes en mover el culo, es un minuto perdido que jamás volverá a tu vida. Así que, ¿a qué esperas? Sólo tu puedes salvarte a ti mismo.

Pero no todo el que genera dinero le va bien, sólo por el mero hecho de tenerlo. Tenemos personajes en la historia bastante conocidos a los que no les fue tan bien: Elvis Presley o Robin Williams. **La riqueza es algo más que llenar los bolsillos, antes debemos de llenar la mente con la información adecuada.**

> Robert T Kiyosaki en su libro "Padre Rico, Padre Pobre" nos enseña la importancia de nuestra inteligencia financiera:
>
> "Llegar a ser rico no tiene tanto que ver con el dinero que ganas como con la persona en la que te conviertes. Ser rico es algo más que ganar dinero. Ganar dinero no tiene sólo que ver con ganar dinero, sino que es un proceso mental, emocional y educativo. Los problemas de dinero no se resuelven con dinero sino con educación financiera. El dinero sin inteligencia financiera se pierde rápido".

Hay quien se siente culpable si tiene un nivel de ingresos elevado, debido a la cantidad de personas que están malviviendo y muriendo de hambre. Pero, ¿qué ganas tú siendo una de ellas? Nada. Puedes contribuir mucho más a las buenas causas si tienes ese dinero. Tú decides en qué invertirlo, si no te lo quieres quedar no te lo quedes, dónalo a quién creas conveniente, pero **no dejes de ganarlo si la aportación que haces al mundo es buena.**

Los hábitos siempre son tus aliados

De seguro ya te habrás dado cuenta que hay personas que llevan vidas increíbles y se pasan los días haciendo muchas actividades. Actividades que a ti se te hacen cuesta arriba, y en cambio ellas las hacen casi sin esfuerzo.

Esto es porque a base de trabajar esas acciones y convertirlas en hábitos, han logrado no tener que estar gastando la fuerza de voluntad para seguir motivándose y poder realizarlas. **Tienen una rutina establecida y simplemente la siguen.**

Piensa que cada vez que tienes que pensar en hacer algo estás gastando parte del porcentaje de tu batería. En cambio, si en lugar de pensar, simplemente en modo automático haces la actividad, **dejarás de gastar parte de esa batería.**

Mantente alerta

Existe una fantástica historia acerca de estar alerta en la vida.

La historia es la siguiente...

- Una rana se disponía a cruzar un río, pero justo antes de saltar un escorpión le habló.

- Por favor, ¿me podrías ayudar a cruzar? Necesito cruzar el río y solo no puedo. —Dijo el escorpión.

- No puedo acceder, si te llevo a mis espaldas terminarás picándome. —Respondió la rana apenada.

- Eso es absurdo, nunca te picaría, piensa que si te pico caeríamos los dos, y yo también me ahogaría. —Respondió el escorpión.

A la rana le pareció un discurso muy acertado y accedió. El escorpión saltó a sus espaldas y cuando iban por la mitad del río el escorpión picó a la rana, y ambos murieron.

Te preguntarás por qué picó el escorpión a la rana... Simplemente porque era un escorpión.

En la vida has de estar siempre alerta. En la construcción de un hábito también, pues cualquier fallo puede hacer tambalear todos los días de cumplimiento que llevas acumulados.

Me encantan las frases de *buenrrollismo*, esas del estilo: *si quieres, puedes...* Pero no en todos los casos son beneficiosas o sirven realmente para algo.

Éstas pueden servir si en verdad, tienes una idea, un plan, y te falta un pequeño empujoncito para llevarlo a cabo. Pero, si realmente te encuentras metido en el fango, no encuentras la salida o no tienes un *para qué* claro en tu vida, de poco o nada te van a servir.

Antes de empezar cualquier sueño o tan siquiera de plantearte un sueño, deberás cambiar previamente tu mentalidad y tus creencias limitantes.

Es imprescindible partir de una buena base para apoyar los cimientos de algo más grande.

"La posibilidad de realizar un sueño es lo que hace que la vida sea interesante"

Paulo Coelho

Ríe tanto como puedas

Si los niños ríen una media de trescientas veces al día, los adultos tan sólo lo hacemos unas veinticinco veces de media.

¿Qué nos pasa con los años?

Reírse es tan beneficioso como que activas 400 músculos, por eso cuando ríes a pleno pulmón sientes que acabas agotado. Incluso, dicen que **tres minutos de buenas carcajadas equivalen a veinte minutos de ejercicio.**

Si no te ríes, al menos fíngelo...

Hay un estudio muy interesante respecto a lo que te acabo de contar que fue llevado a cabo por Fritz Strack. Fritz, dividió a los participantes del experimento en dos grupos.

El primer grupo tenía que sujetar un lápiz con su boca sin que éste tocara los labios, sólo podían sujetarlo con los dientes. El segundo grupo, al contrario, tenían que sujetar el lápiz con los labios sin que el lápiz les tocara los dientes.

Sin que los participantes fuesen conscientes de ello, los que tenían que sujetar el lápiz con los dientes de alguna forma estaban esbozando una sonrisa. Mientras que el grupo que sujetaba el lápiz con los labios, apretaba y fruncía el ceño.

Tras esto, se les mostró a ambos grupos unas viñetas divertidas que debían puntuar en base a lo divertidas que les pareciesen.

Los resultados fueron increíbles, **los sonrientes puntuaron más favorablemente las viñetas que los fruncidores.**

Esto llevó a concluir que **aunque la sonrisa sea forzada, ésta afecta enormemente a tu estado de ánimo.**

El yoga de la risa

El doctor Madan Kataria, en 1995, fue el inventor del yoga de la risa. Probablemente nunca hayas oído hablar de este concepto, este yoga se basa en que cuando comienzas a reír aunque sea de forma forzada, poco a poco tu cuerpo se va impregnando de esa sensación de bienestar, segrega endorfinas y al final la risa acaba saliendo de forma natural.

Hoy se pueden encontrar miles de clubs de la risa alrededor de todo el mundo. Todos ellos se basan en la idea de que un cambio de pensamiento puede cambiar todo el comportamiento de tu cuerpo.

Cuida tu cuerpo como se merece

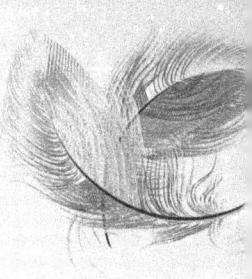

Tu cuerpo es tu templo, donde tu persona habita, **no es un almacén.** Por tanto, cuídalo, hidratándolo bien, alimentándolo de forma balanceada, relajándolo, ejercitándolo... No comas cualquier cosa que te entre por la vista, de vez en cuando está bien, pero que no sea la rutina. Recuerda que tu cuerpo no es un almacén.

Cuando tu cuerpo esté en perfectas condiciones trabajará mano a mano con tu mente. De lo contrario, todo será un completo desastre.

Imagina una mañana en la que te levantas con mucha energía y tu mente te dice: *"Vamos a ello"*, pero... la noche anterior te pasaste cenando y cenaste de más o tomaste alguna copa extra. Entonces, tu cuerpo te dirá: *"me encantaría pero es que no me puedo ni mover, sigo estando cansado".*

Si quieres energía debes equilibrar las dos partes, **no podemos dividirnos (por un lado cuerpo y por otro mente), somos una misma unidad.**

Mantén tu mente bien informada

Está bien tener una temática favorita y consumir mucha información acerca de ella, pero **no sólo de gominolas se puede alimentar a una mente.** Debes nutrirla con otros alimentos.

"Se acaba siendo lo que se piensa la mayor parte del tiempo"

Brian Tracy

Si estás pensando en lanzar un proyecto no leas sólo acerca de temas de motivación y pensamiento positivo, nútrete de otras ramas como la PNL, el networking, el marketing...

Henry Ford, la persona que puso al alcance de cualquiera los vehículos (hasta entonces sólo los más ricos podían permitírselos); se fijó en cómo trabajaban otras industrias ajenas a su mercado para poder crear su propio modelo de producción. <u>Implementó el trabajo en cadena en la industria automovilística</u>, donde cada operario se especializaba en una tarea en lugar de realizar todas las del proceso. De esta manera se <u>incrementaba la productividad, se disminuían errores y se trabajaba con mayor eficiencia.</u>

Elige bien tus proyectos de vida

En la vida se te van a presentar grandes oportunidades, algunas de ellas te vendrán juntas y deberás saber escoger bien. A veces, todo a la vez no es posible, te puede restar energías o dividirlas, por tanto en ciertas ocasiones es mejor escoger opciones.

"Las grandes mentes tienen propósitos, las otras tienen deseos"

Washington Irving

Podrás fracasar realizando tus proyectos, no te voy a decir que todo siempre sale bien, pero ten claro que una vida cometiendo errores es mucho más vivida que una vida repitiendo el mismo día una y otra vez.

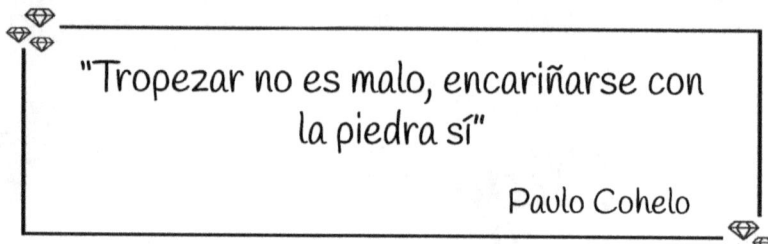

"Tropezar no es malo, encariñarse con la piedra sí"

Paulo Cohelo

Los ingredientes indispensables de la receta del éxito son: hacer del fracaso una experiencia y seguir adelante con la lección aprendida.

Los mismos desafíos te llegan una y otra vez, hasta que un día aprendes la lección.

Una periodista le preguntó a Jodie Foster porqué seleccionaba tan bien sus proyectos, a lo que ésta le contestó: "Si te pasas todo el día trabajando y ganas mucho dinero, lo único que consigues es que tu chacha disfrute de tus hijos, de tu casa y de tu marido, y sinceramente, prefiero hacerlo yo".

Debes aspirar a lo máximo, a una vida a lo grande. No hay nada más triste que una vida vivida a medias. Cuánto más luches en la persecución de tus sueños, más probabilidades tendrás de que se hagan realidad. No hay más. El sofá no te los hará realidad… sólo por si has pensado probar a ver…

"Al final de mi vida, espero no tener ni un poco de talento restante y poder decir que usé todo lo que me dieron"

Erma Bombeck

Recuerda, que si un sueño nació en tu mente es porque vive en ti y eres la persona correcta para hacerlo realidad.

Vence con acción

No hay nada mejor que la acción para tener una vida llena de satisfacción.

El poseer información o el tener buenas ideas de poco sirve si no existe detrás un plan de acción que haga uso de ellas.

"Yo soy yo y mis circunstancias. Luego, si cambio yo, propicio asimismo un cambio en mis circunstancias. También, si creo nuevas circunstancias, cambio yo"

Álex Rovira

Tú puedes decirme que eres un gran ingeniero o un buen pintor y que tienes excelentes ideas en tu cabeza sobre obras a realizar, pero a menos que ahora tomes un lápiz o una brocha no existirá ningún puente, ni ningún hermoso lienzo.

Las palabras se las lleva el viento, ya lo dice el refrán.

"Sólo triunfa en el mundo aquel que se levanta y busca las circunstancias que desea, y si no las encuentra, las fabrica"

George Bernard Shaw

Todos tenemos ciertas actividades pendientes que vamos dejando acumuladas para más adelante. **No seas indulgente contigo mismo.** Si te requieren poco tiempo, como mandar un email o hacer una llamada, hazlas ya. **No postergues más.**

A menudo dejas de hacer cosas importantes, pero sencillas de hacer, por pereza. Sabes que caminar es bueno para tu salud, es fácil de hacer, está a tu alcance y aún así no caminas. Ese no hacerlo es el principio hacia el desastre.

Ante el miedo al error, saca relucir tu resilencia. *Resilencia* es la capacidad de poder salir reforzados de una adversidad.

Si debes hacerlo y puedes hacerlo, entonces sencillamente

¡HAZLO!

Si sigues con disciplina lo que te acabo de escribir, tu vida cambiará enormemente. Y lo mejor de todo es que ya lo sabes.

La enfermedad del "y si..."

La enfermedad del "Y SI..." es de las peores que pueden existir, erradícala ya. Córtala de raíz. Esta enfermedad sólo se da de forma exclusiva en humanos. Los animales no la padecen.

Imagina que una gacela está siendo perseguida por un león, mientras dura la persecución la gacela segrega adrenalina, cortisol y usa todo su organismo para huir. Si la gacela consigue escapar, poco a poco revertirá estas hormonas y volverá a poder estar en un estado apaciguado.

En cambio, si en lugar de la gacela la que fuese perseguida es una persona y consiguiese escapar. Lejos de quedarse tranquila, **seguiría dándole vueltas en su cabeza a la idea de que el león podría volver.**

¿Y si el león vuelve?

¿Y si este escondite no es seguro?

¿Y si se me acaba el agua y tengo que salir a por más?

"La mente es como el agua, cuando está calmada y en paz puede reflejar la belleza del mundo. Cuando está agitada, puede tener el paraíso enfrente y no reflejarlo"

David Fischman

En la actualidad esto se sigue dando, ocurre día tras día. **Hemos dejado de estar perseguidos por animales, para pasar a estar perseguidos por preocupaciones** (¿y si me resfrío?, ¿y si me despiden?, ¿y si me dicen que no?...) para colmo, **el 97% de ellas nunca ocurrirán.** Nuestro cuerpo asume estos peligros como reales, tal como si un león nos persiguiese, y segrega igualmente cortisol y adrenalina.

"La mejor defensa no es un buen ataque. La mejor defensa es no sentirse atacado"

Gerardo Schmedling

La clave está en la responsabilidad

Para mí la responsabilidad es un concepto importantísimo del que quiero hablarte. Muchas personas **confunden los términos de responsabilidad y culpabilidad**, y no son lo mismo.

Responsabilidad es tomar el control de tu vida. Observa que respuestas estás dando a tus circunstancias y verifica si necesitas cambiar tus respuestas para obtener <u>resultados diferentes.</u> Esto queda lejos de culpabilizarse por cómo se actúa, es un cambio de paradigma, un cambio de nuestra forma de pensar.

Acepta la realidad que tienes en tus manos y pregúntate ¿qué es lo que puedes hacer con la realidad que vives hoy, para mejorarla y llevarla al punto en el que te gustaría encontrarte? **Se trata de avanzar en circunstancias que no siempre serán favorables y que a veces, incluso podrán provocarte dolor.**

> *"Aquello que la oruga llama fin del mundo, el resto lo llama mariposa"*
>
> Lao-Tse

No te pases la vida malgastando tu energía para rechazar una realidad que **es la que es**, más bien usa esa energía para solucionar aquello que te genere malestar.

• •

Deja de exigir a los demás que sean como a ti te gustaría que fuesen. Ocúpate de ti y que los demás sean y actúen como quieran.

• •

La sociedad actúa como la **rueda del hámster**: cuando eras pequeño tus padres te exigían como debías ser y actuar, luego tus profesores hicieron lo mismo, más tarde era tu pareja la que te lo exigía... De modo que si vives cumpliendo las expectativas de unos y de otros, acabarás viviendo una vida que no es la que deseas.

El miedo al fracaso

"No tengo dudas de que hay muchas formas de ser un ganador, pero en realidad sólo hay una forma de ser un perdedor, y ésta es fracasar y no ver más allá del fracaso"

K. Rote

Las personas, a veces, damos a los demás consejos que ni nos aplicamos a nosotros mismos. Le decimos al amigo: *"Tranquilo, fallar es humano"*; luego somos nosotros los que fallamos y nos queremos morir.

¿Por qué?

Sólo tú mismo puedes otorgarte el título de fracasado o no, así que ¿por qué vas a menospreciarte?

Acaso, ¿no fallan los científicos decenas o cientos de veces hasta hallar un fármaco que sirva y solucione el problema? Por supuesto, fallan muchísimas veces. Pero no por esos errores dejan de buscar. Tan pronto como fallan, van a por la siguiente prueba.

Cometer un error no te define como persona, ni tampoco habla de tus capacidades, por tanto, ese error no te debe de condicionar para seguir adelante. **Reconoce tu error, sin excusas, no pierdas el tiempo en generar una excusa de cara a los demás que te haga sentir bien.** Más bien aprovecha ese tiempo para trabajar en tu sueño y seguir adelante.

El error no es fracaso, el error es una oportunidad que te puede acercar más a tus objetivos. **Es un camino por el cuál sabes que ya no debes transitar, una llave que no debes volver a usar, pues en esa cerradura sabes que no entra.** Si te quedas en lo negativo estás completamente perdido, reenfócate.

Seguir adelante, la mayoría de las veces, cuesta sacrificios, sino que se lo digan a Edison, que para que se le prestara algo de atención, tuvo que instalar su bombilla de forma gratuita en una oficina.

Si aún sigues sin lanzarte a por aquello que anhelas es porque hay una distancia o gap que te separa. Esa distancia normalmente está plagada de creencias que te limitan y te mantienen anclado.

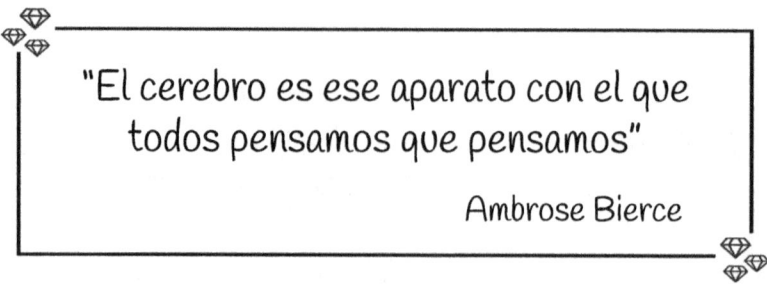

"El cerebro es ese aparato con el que todos pensamos que pensamos"

Ambrose Bierce

La mayoría de las veces no estamos respondiendo a la vida de un modo consciente, sino que lo hacemos de modo automático a través de viejos patrones y creencias preinstaladas. Sí, en eso nos parecemos a un ordenador. Esos patrones son los que te hacen creer que lanzarte a por ello te traerá críticas, pero en cambio no ve los nuevos contactos que podrás hacer, el dinero que generarás o la felicidad que sentirás.

Te hace ver sólo la parte negativa para conseguir que te quedes donde estás y así poder seguir controlando tu vida sin complicarse. Y ahí te quedas estancado año tras año.

El miedo al cambio y a la innovación es lo que ha llevado a personas y empresas como Kodak al fracaso. Kodak que era líder en el mundo del revelado de fotografías quebró debido a que no se actualizó como debía en el mundo digital.

El cambio es la clave, sin el cambio no se crece.

Hay que abrir la puerta y salir a ver que te ofrece el universo.

> *"El mayor creador de problemas que jamás conocerás, es la persona que contempla cada mañana cómo te maquillas o te afeitas frente al espejo"*

No te engañes, ni tu amigo, ni tus padres, ni tu pareja... **eres tú mismo el que se bloquea. Utilizas los comentarios ajenos para apoyar tu miedo y no lanzarte.** En lugar de ello, utiliza las historias de éxito de los que lucharon por su causa.

Algunos creen que el éxito llega sin apenas sacrificio. Aseguraría que tú no eres uno de ellos de lo contrario no estarías leyendo este libro y no te encontrarías en la búsqueda del éxito. Ray Kroc, reconocido en el mundo por ser el fundador de McDonald's dijo: **"El éxito me llegó al amanecer, tras una larga noche de treinta años"**.

El éxito no llega por azar, por tirar unos dados en el casino y hacerse millonario (alguno tiene la fortuna de que sí) pero la mayoría, por no decir todos, debemos de trabajárnoslo, de aprender, de leer y de formarnos sin parar.

> El éxito pertenece al que lo persigue.
>
> Maxwell afirmaba que cuando de arriesgarse se trata, hay dos clases de personas: las que no se atreven a probar cosas nuevas y las que no se atreven a perdérselas.

Y tú, ¿a qué grupo perteneces?

Cuando somos jóvenes tenemos menos miedo a arriesgar, pero a medida que crecemos nos va surgiendo el miedo: al fracaso, a las críticas, a la soledad... y a la hora de actuar nos coartamos más.

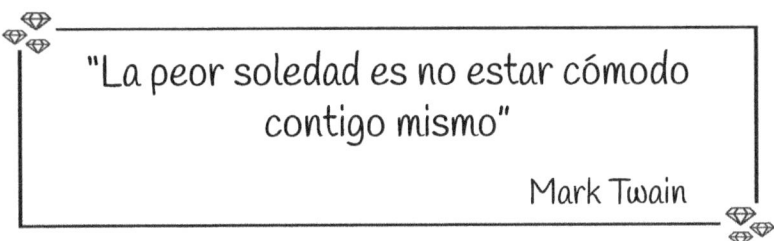

"La peor soledad es no estar cómodo contigo mismo"

Mark Twain

Muchos nunca llegan a realizar sus sueños porque se quedan estancados en la fase de parálisis por análisis. Y ésta impide cualquier tipo de crecimiento personal.

• •

Desafíate, nunca alcanzarás nada grandioso si vas haciendo lo justito para salir airoso de la situación.

• •

Te quedarás estancado en tu día a día monótono. Quizá debas aprender nuevas habilidades que en un primer momento te hagan parecer torpe pero a la larga te hagan ser un crack.

Debes tener siempre en mente escalar la cima de una nueva montaña.

A pesar del miedo, actúa

No le llames miedo o ansiedad, llámale emoción.

• •

Convierte la ansiedad del momento en excitación y estímulo para que nada te frene.

• •

Recuerda que toda nueva situación genera ansiedad, ya que es algo desconocido para ti.

> Los animales son todo un ejemplo de superación de miedos. En concreto te hablaré de las jirafas recién nacidas. Nada más nacer, éstas caen desde una altura de tres metros. Cuando la cría consigue ponerse en pie, su madre le da un empujón y la tira al suelo. La madre insiste y la vuelve a tirar al suelo de un golpe. De manera instintiva esta madre está enseñando a su retoño a que después de caerse hay que levantarse, de lo contrario no sobreviviría.

Este hecho nos enseña que no importa las veces que te caigas, siempre debes levantarte una vez más y seguir tu camino.

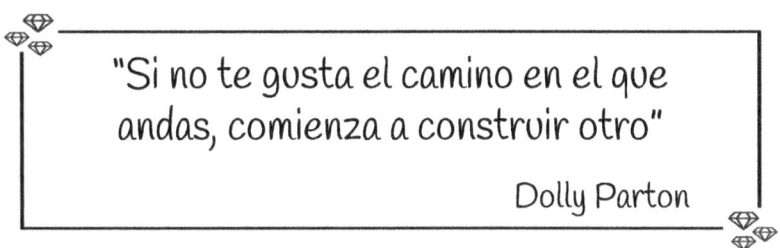

"Si no te gusta el camino en el que andas, comienza a construir otro"

Dolly Parton

No te digo que tomes riesgos extremos, eso nunca, pero sí te digo que tomes riesgos planificados. Sé inteligente en tus decisiones. Vive la vida que sueñas, sólo un 3% de la población planifica sus metas y va a por ellas, **el resto trabaja para las de alguien.**

Pensar más allá de ti

Existe una leyenda judía preciosa que de seguro te encantará leer por el mensaje que encierra.

> Dos hermanos compartían una tierra y un molino. Cada noche los hermanos se repartían el grano que habían obtenido durante el día.
>
> Cada hermano contaba con una historia familiar diferente. Uno de ellos estaba soltero y vivía sólo. El otro tenía una familia grande a la que alimentar.
>
> Un día el hermano soltero pensó: "No es justo que repartamos el grano de forma equitativa. Mi hermano tiene una gran familia que alimentar y yo estoy solo". Así que cada noche llevaba granos extra al almacén del hermano.
>
> El hermano casado se replanteó también la situación: "No es justo repartir los granos de manera equitativa, yo tengo una familia grande y algún día mis hijos me mantendrán, pero mi hermano está solo y no tendrá a nadie". Así que cada noche el

> hermano casado a hurtadillas dejaba más grano en el almacén del hermano.
>
> Por lo que cada amanecer ambos almacenes se encontraban con la misma cantidad de grano que al inicio de los intercambios.
>
> Hasta que una noche ambos hermanos se encontraron a mitad del camino y se dieron cuenta de que lo más valioso que tenían era el amor que se profesaban.

Todos merecemos un amor más profundo que el océano.

Las investigaciones ya han descubierto cuáles son las frases que de decirlas a otro, le haríamos realmente muy feliz.

¿Te apetecería conocer qué frases puedes decir a aquellas personas que amas tanto?

Son frases sencillas, que ya conoces, averigua si las usas tanto como debes:

> ♦ Eres una buena persona.
>
> ♦ Lograrás todo lo que te propongas.
>
> ♦ Eres especial.
>
> ♦ Te quiero.

Añade cualquiera que siga esta línea y habrás marcado el día de esa persona. Son sencillas pero, dime, ¿hoy a cuántas personas has dicho alguna de ellas? Si aún te queda día por delante, aprovecha, haz una llamada o acércate a quien quieres y dile una de ellas. Si ya es de noche no olvides mañana cumplir con la tarea.

Las cosas gratuitas que salen del alma, valen más que aquellas que se pueden comprar con dinero.

"Si tratamos a los hombres tal como son, los haremos peores de lo que son, pero si los tratamos como si fueran lo que deberían ser, los llevaremos a dónde nunca han ido"

Bernardo Stamateas

La historia de la universidad Stanford

Cuenta la historia, que un matrimonio de campesinos fue a la Universidad de Harvard a hablar con el rector. Los campesinos pidieron al rector que pusiese una placa con el nombre de su hijo ya fallecido.

El rector, sorprendido por tal propuesta, la declinó. Pensó que si por cada hijo muerto tuviese que poner una placa, pronto Harvard parecería un cementerio...

La pareja se marchó y volvió otro día con otra propuesta. En lugar de poner una placa, mejor levantar un edificio. Al rector aquella propuesta de millones de dólares, ya sí que le pareció demasiado, no quiso escucharles más y los echó.

Este matrimonio tenía de apellido Stanford y fueron los creadores de la universidad de Stanford.

El rector no había sido capaz de pararse a escuchar la propuesta que le estaban ofreciendo, **se quedó estancado en su mentalidad de imposibles.** No sabía que tenía delante dos negociadores, que podrían haber hecho mucho por la universidad.

No pierdas la orientación cuando el que se te acerca a negociar creas que no tiene nada que ofrecerte como para que se merezca tu tiempo. Evade tus creencias limitantes y escucha, quizá la oportunidad que estabas esperando esté llegando de manos de la persona que no esperas.

Si este señor hubiese dedicado tiempo a escuchar hoy Harvard sería mucho más grande de lo que lo es.

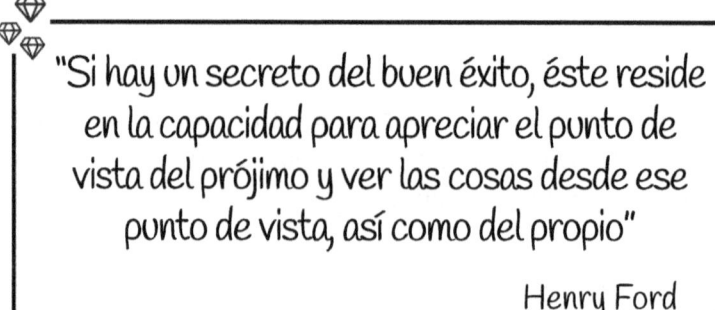

"Si hay un secreto del buen éxito, éste reside en la capacidad para apreciar el punto de vista del prójimo y ver las cosas desde ese punto de vista, así como del propio"

Henry Ford

•••••••••••••••••••••••••••••
Los prejuicios hacen que perdamos grandes oportunidades.
•••••••••••••••••••••••••••••

Ten la mente limpia.

Las oportunidades más maravillosas pueden ocurrir cuando menos lo esperas, sino que se lo digan a Charles Darrow, quien en un momento en el que estaba desempleado, mientras buscaba entretenimiento creó el famoso juego Monopoli, el cual ya ha llegado a vender 500 millones de ejemplares.

Debemos estar abiertos a las oportunidades, hoy puede ser tu gran día y tú ahí sin saberlo...

La desconfianza

Estamos diseñados para pensar que existe un mensaje oculto que se nos está evitando contar. Pensamos que hay un interés oculto detrás de la acción positiva de alguien con nosotros.

Tenemos miedo a ser lastimados, y es lógico que apliquemos mecanismos de defensa basados en la desconfianza.

Muchas veces la desconfianza llega porque la otra persona rompió una vez las expectativas que teníamos hacia ella. **Pero, es muy difícil saber qué es lo que espera la persona que hay enfrente tuya si no te lo dice.**

Imagina que es tu cumpleaños y sabes que van a hacerte un regalo. Tú dices sutilmente que te gustan unos zapatos, una vez que lo has dicho te quedas a la espera de recibirlos el día de tu cumpleaños. Pues lo has mencionado tantas veces que crees que es imposible no captar la idea.

Llega tu cumpleaños y para tu desgracia te regalan un reloj, te sientes decepcionado. Sientes que no te escuchan cuando hablas. Tu amiga nota que ese día estás mal y te pregunta si te encuentras bien.

Tienes tanta confianza con ella que le terminas diciendo lo defraudada que te sientes al comprobar que no escucharon lo que dijiste acerca de tus preferencias. Ella te dice que le entristece un montón la situación, pero que pensaba que era algo que tenías en mente comprarte y que para cuando llegase ese día, ya lo habrías adquirido. Por tanto, era absurdo comprarte lo mismo.

Como ves las intenciones, eran buenísimas, te lo hubiesen regalado, sólo que ellos no sabían que era algo que querías recibir ese día.

Si los demás no saben lo que se espera de ellos, por muy buena que sea la voluntad que tengan, muchas veces no acertaran.

El problema siempre se encuentra en los **contratos emocionales** imaginarios que nos hacemos con las personas. Si no hablamos con las personas claro, continuamente nos sentiremos desconfiados.

Tenemos que aprender nuevas reglas para relacionarnos. Pues en las mejores y en las peores situaciones que vivamos, van a estar implicadas personas.

Haz balance de lo que te digo y comprobarás que en tus mejores recuerdos, hay una persona o varias. Pero es que en tus peores recuerdos, también las hay.

Debemos aprender a estar fuertes emocionalmente, de lo contrario, personas malintencionadas podrán hacernos daño, al descubrir de qué pie cojeamos.

• •

Cierra y cicatriza tus heridas

tan pronto como puedas.

• •

Satisface por ti mismo tus necesidades afectivas, **no esperes que venga una tercera persona a completarte aquello que te falta,** hace mucho tiempo ya, que descubrimos que las medias naranjas no existían, que **somos naranjas enteras.** Cuando nos amamos a nosotros primero, es cuando podemos volcar en los demás ese mismo tipo de amor. De lo contrario, estaremos en un **amor de tú me das, yo te doy.**

Si empiezas a no esperar nada de nadie, serás más libre y feliz. Ya que si esperas una llamada, un cómo estás, un detalle... y no lo recibes, te sentirás frustrado a menudo. Pues como ya te conté, los demás aunque quieran no saben qué es lo que necesitamos en cada momento.

Es más, cada uno es el centro de su universo y nosotros somos satélites que orbitan alrededor suyo, y está bien y es lo justo.

El problema es cuando queremos ser más que un satélite en el universo del otro.

Te voy a reflejar con un ejemplo esto que te cuento...

¿Cuándo una persona dice a otra que es egoísta?

Suele decirlo en los momentos en los que no ha recibido lo que quiere.

Entonces, realmente la egoísta es ella misma. Pues no ha conseguido lo que quería y por ello juzga al otro.

En las relaciones emocionales nadie debe nada a nadie, cada uno es responsable de su felicidad. El dejar en manos de otros mi felicidad y si no la obtengo, le echo la culpa al otro, es algo fácil y a la vez sin sentido.

Recibe lo que los demás te dan como un obsequio extraordinario, si lo esperas así, además de sorprendido te hará aún más ilusión cuando lo recibas. Así, nunca serás lastimado.

Tú eres el dueño de tu vida, nunca fuiste un inquilino.

Tú decides en qué pensar y en qué no. En ti se encuentran los éxitos o los fracasos, tú decides porqué cosas luchar y porqué cosas no.

Obséquiate con lo mejor, trátate bien, recompénsate bien ante un esfuerzo como lo hace una madre cariñosa con su hijo.

Hoy es el momento, ni ayer, ni mañana.

Sólo podemos controlar el presente.

El menosprecio

Sé que suena fea la palabra, pero en ocasiones vamos a ser astutos y la vamos a poner en práctica.

En el camino de tu vida vas a encontrarte a personas que querrán que te quedes estancado donde mismo estás y no fluyas, no querrán que asciendas a un nivel superior...

Puede ser que te lo demuestren quitándote apoyo, dejándose ver menos de lo habitual debido a lo incómodos que dicen sentirse con tus cambios, o bien directamente te lo manifiesten diciéndote unas frases tan duras que jamás las hubieses esperado: *"tú no sirves para eso"*, *"eso te queda grande"*, *"¿por qué no lo dejas y sigues donde estás? Que tampoco estás tan mal"*...

Cuando estas situaciones se den en tu vida, o descubras frases camufladas que pretendan desinflarte los sueños, detente y pregúntate:

> ⬥ ¿Lo que me han dicho es útil para mi sueño?
>
> ◊ Si la respuesta es no: menosprecia esas palabras.

Si son palabras que no sirven, que sólo hunden... **sácalas de tu mente cuanto antes y continúa tu camino.**

Necesitamos ser libres de las opiniones ajenas. Es la única manera en la que verás cumplido tu sueño. **Cumplir tu sueño es realmente importante, tanto para ti como para los que vengan, es un legado, una herencia, una manera de decir a tus descendientes "*si quieres algo, lucha por ello,*** y lógralo", "*si yo pude, tú puedes...*" Un ejemplo siempre vale más que mil palabras.

Un león no se preocupa por la opinión de las ovejas.

Debes tener tus objetivos bien claros y seguir tu plan, de lo contrario, te dejarás llevar por las olas de las emociones.

En este momento hay personas menos cualificadas que tú haciendo aquello que tú quieres hacer. Ellos simplemente creyeron en sí mismos.

Cuando una persona no tiene un fin en mente, actúa según su cuerpo esté dispuesto a actuar ese día. El jueves estará motivado, el viernes con energía, el lunes sin mucho ánimo, el martes quizá se esfuerce y haga algo... Dependiendo del día así actuará.

· ·

Debes ser dueño de cada uno de tus días y no dejar que las emociones, ni las personas ajenas decidan por ti.

· ·

En los momentos más cumbres e importantes de tu vida, es cuando descubrirás a quién tienes realmente a tu alrededor, **esos momentos tan duros hacen de filtro en tu vida.** Habrán personas que se alejarán de tu vida, pues ya no os aportáis nada mutuamente y otras más afines comenzarán a llegar a tu vida.

Ir en pos de tu sueño va a ser un *momentum* de reciclaje de tu entorno. Verás como tu entorno cambia, siempre ocurre.

Los sueños grandes conllevan cambios grandes.

Recuerdo un suceso que ocurrió poco antes de mi boda. Unos amigos que llevaban 10 años de noviazgo y con los que salíamos continuamente rompieron su relación.

La situación era complicada pues el fin de la relación fue abrupto, y para ellos estar juntos bajo el mismo techo era complicado. Mi amiga me dijo unas palabras que nunca olvidaré: *"Ese día es para que tú seas feliz, si él no quiere que yo ésté allí para él poder ir, no estaré, pero no me quedaré sin verte, iré a tu casa para verte vestida de novia".*

Me parecieron unas palabras, tan bonitas y tiernas, que me emocionaron enormemente y me demostraron que verdaderamente me quería, pues no quería que yo me viese en una situación complicada. Era capaz de renunciar a la invitación que tanto le apetecía, con tal de que yo fuese feliz ese día.

Seguro que quieres saber cómo acabó todo, pues bien, ambos vinieron a la boda, y ambos lo pasaron bien...

• •

En los momentos más difíciles descubrirás quien está a tu lado y quien no. Es un momento de crecimiento total.

• •

La queja

Llegados a este punto me gustaría distinguir dos tipos de queja. Pues no todas las quejas que generas en tu vida son malas, tenlo claro. Por tanto, no hay que dejar de quejarse como tal.

Veámoslo...

- ♦ *Queja positiva*: es aquella en la que te quejas por algo y después ofreces una solución. Estás contribuyendo a la mejora.

- ♦ *Queja negativa*: ésta es la que se hace por el mero hecho de criticar. No se busca solución, sólo se pretende el desahogo.

Esta última queja no aporta absolutamente nada. Es la que debes sacar de tu vida a toda costa. Quizá, en algún momento te sorprendas llevándola a cabo, no te desesperes, tranquilo, simplemente recondúcete.

Es cierto, que la queja negativa es el camino más fácil, pues **te hace estar en el papel de víctima y elimina tus posibles implicaciones.**

Todo lo que no te expanda como persona, sin dudarlo, elimínalo de tu vida.

"Nadie puede tener una buena opinión de alguien que opina mal de sí mismo."

Anthony Trollope

La ignorancia

Vez tras vez a lo largo de mis libros insisto en la necesidad de formarnos.

¿Por qué es tan importante?

Porque lo que no sepas dañará tu futuro, dañará tus ingresos, dañará tus relaciones…

Hay que saber. La ignorancia es pobreza, hay que tener riqueza de información.

Debes analizar la información a través de tus propias experiencias personales. Si lo que has estado haciendo hasta ahora te ha dado malos resultados; aprende, no sigas haciendo lo mismo. Cambia. **No tengas otros 10 años iguales.**

Ve que has hecho mal estos últimos años y mejórate. Eres una persona con mucho potencial, y en cualquier momento que lo desees puedes cambiar.

Aprende de las experiencias de otras personas. Escucha acerca de lo que alguien logró, puede salvarte de una enfermedad, de caer en la bancarrota, de que tu negocio fracase…

¿Por qué no tomas un café con alguien que tiene una relación brillante con su pareja? Quizá, tienes un amigo así y descubras que hace unos años su relación estaba en la cuerda floja, pero que tomó acción, asistió a un seminario de relaciones, leyó tal libro, aplicó tales técnicas… Consiguió mejorar la comunicación con su pareja, establecieron nuevas metas comunes y un proyecto interesante de vida.

Dime, ¿pagarías el café? Yo sé que sí.

A veces, las soluciones las tenemos tan cerca que nos cuesta verlas…

Organízate con la agenda

Si eres capaz de sacar y volcar en una agenda toda la información que hay en tu mente, te sorprenderás de lo ágil que te volverás mentalmente. Habrás liberado espacio y podrás estar tranquilo en todo momento, pues todo lo tienes apuntado.

Cómprate una agenda bonita que te apetezca llevar contigo y abrir de vez en cuando. No importa si tu caligrafía es buena o no, lo que importa es que todo quede registrado para que tu mente no tenga que estar divagando y pensando en las cosas que hay por hacer o si se le ha olvidado algo importante.

Anota hasta lo más mínimo.

Ahora vamos a ver cómo hacerlo…

> 💎 <u>Establece objetivos anuales.</u> Estos son claves para alcanzar los objetivos que más tarde irás repartiendo a lo largo de todo el año.

◈ <u>Planificación mensual.</u> Las agendas tienen una planificación mensual que podemos ver a golpe de vista. En ella vamos a plasmar cuáles son las metas que cada mes queremos conseguir, así más adelante podremos verificar que estamos siguiendo el plan.

◈ <u>Planificación semanal.</u> Aquí ya vamos concretando más acerca de qué tenemos que alcanzar esa semana para estar en coherencia con nuestro plan. Planifica en tu fin de semana lo que harás en la semana que está por empezar. Pregúntate: ¿cómo debería ser mi próxima semana para que sea una buena semana?

◈ <u>Planificación diaria.</u> Anota todas las citas o actividades que tengas con horas muy concretas.

◈ <u>Tareas pendientes.</u> Aquí plasmarás las cosas que quieres hacer pero que no tienen horario concreto. Si lo haces en un post-it mejor. Pues lo vas a ir moviendo por la agenda según avancen los días, hasta que acabes con ellas. Las tareas más importantes te aconsejo que las destaques subrayándolas, te llamarán más la atención y aunque no quieras verlas, las verás.

◈ <u>Listas.</u> Crea listas de cosas de todo lo que se te ocurra: cosas por reparar en casa, libros para comprar, películas para ver, lugares que visitar... Vacía tu mente de aquellas cosas que te han contado o has leído o pensado. No quedarán en el olvido y siempre que lo necesites podrás volver a ellas.

Es muy importante que te asegures que en tu agenda haya cierto equilibrio, que no todo sea trabajo, deben existir tareas de ocio y descanso que te permitan recargar las pilas.

La empresa Idea Champions dedicada a la innovación, realizó un estudio en el que preguntaba a más de 10.000 participantes dónde obtenían sus mejores ideas.

Y, ¿qué crees que contestaron?

Pues el 97% de los participantes respondieron que bañándose, caminando, antes de dormir o mientras hacían actividades ajenas a su actividad laboral. Únicamente un 3% las tenía en su puesto de trabajo. Lo que quiere decir que cuando te relajas es cuando puedes sacar aquello que es valioso y está oculto en ti.

Si lo crees necesario anota las tareas de trabajo de un color y las de descanso en otro color, así cuando veas de un sólo vistazo tu agenda, observarás si estás equilibrando la balanza o no.

> Una idea de Curro Cañete que me encanta es la de que al finalizar tu día, en tu agenda pongas: ¿DÍA EXITOSO? y al lado pongas las respuestas: SÍ o NO.
>
> Cuando acabes tu jornada, remarcaras la casilla que corresponda según lo satisfecho que te sientas y los objetivos que hayas alcanzado. Si la respuesta ha sido SÍ entonces subraya y remarca la casilla en la que se haya ubicado ese día con un color que te guste. De esta manera, comprobarás si has tenido una semana exitosa, un mes exitoso y en definitiva un año exitoso.

¿No te parece una idea maravillosa?

Otra de las cosas que me encanta hacer es la de premiarme por hacer un buen trabajo. Cuando hagas tu planificación mensual, **escoge un día de cada semana en el que te vayas a premiar** por haber alcanzado todo lo planificado: una buena cena, un spa, una prenda, un masaje... Lo que escojas estará bien. Lo mereces.

Ahora que tienes todo bien organizado no te vayas a olvidar de lo más importante, mirar tu agenda varias veces al día, para ir verificando que vas haciendo todo lo programado.

Cuando tengas mini-actividades que hacer, ordénalas en forma de *"packs"*, es decir, imagina que tienes varias tareas pendientes de casa:

- ◈ Fregar los platos.

- ◈ Hacer la colada.

- ◈ Barrer la casa.

No te pongas a hacer una ahora, luego vuelvas a lo que estabas haciendo, más tarde vuelvas a hacer otra y así hasta acabar con tu lista.

Organízalas en pack y cuando te pongas con una acaba con el resto de las similares. **Ve creando packs de tareas similares.** Mantendrás la concentración en aquello que necesitas por más tiempo. Te dará la sensación de que no llevas todo el día enredado con la casa.

La creatividad

En *Como un artista*, Austin Kleon, nos propone una serie de ideas para mejorar. Veamos algunas de ellas:

💎 <u>Toma como modelos a otras personas y úsalos como punto de partida para despegar, crear y mejorar tu proyecto</u>. Este punto me recuerda a como los japoneses suelen ser rápidos copiando y mejorando el producto que llega de Estados Unidos o de cualquier otra parte del mundo. Tanto es así, que los japoneses tienen el "iberiko buta", un jamón producido en Japón con cerdos de allí. Lo venden en los supermercados a un precio más bajo que el jamón de España.

💎 Nos insta a <u>escribir el libro que siempre habríamos querido leer</u>, y como toda buena alumna, le tomé nota y aquí estoy escribiéndolo.

💎 <u>Viaja por el mundo</u>, para que el mundo te parezca nuevo, te encuentres fresco y trabajes mejor.

💎 Después del despliegue inicial de motivación, vienen de la mano la <u>rutina y la constancia</u>, éstas harán que vayas cumpliendo objetivos.

Todos tenemos el deber de ser como esas personas que se dediquen a lo que se dediquen: policías, panaderos, jardineros... llegan a su puesto de trabajo estimuladas, pues han encontrado su talento y gracias al esfuerzo que a diario realizan, consiguen aportar un granito de arena al mundo, haciendo de él un lugar más agradable.

Sé creativo también con el uso de tu tiempo, aplica la técnica de Ingvar Kamprad, el fundador de Ikea. Él aconseja *dividir la vida en unidades de diez minutos y sacrificar las actividades más insignificantes.* Como ves todo un uso consciente de tu tiempo.

"Hasta que no te valores a ti mismo, no valorarás tu tiempo. Hasta que no valores tu tiempo, no harás nada con él"

M. Scott Peck

Comienza a emprender una nueva vida

> "La gente busca la felicidad como un borracho busca su casa; sabe que existe, pero no la encuentra"
>
> Voltaire

Cuando buscas dedicarte a algo nuevo, la clave esta en la inteligencia. No te aventures demasiado. Debes pensar que el negocio que montes tardará en despegar y para ello deberás de tener un colchón financiero.

Patrik Mcginnis autor del libro *Emprendedor 10%*, dice que **la transición entre empleado y emprendedor se puede hacer a través de un trabajo a media jornada, que te genere ingresos y estabilidad.** A la vez que si también estás en el mismo campo, obtendrás contactos y entrenamiento en ese campo.

Puedes usar el **Bootstrapping** que es empezar con lo que tienes, si la idea es buena se necesitan pocos recursos para llegar a grandes resultados. Actualmente, todos estamos conectados a través de la red y con internet puedes abrirte una puerta hacia el mundo entero.

La forma en la que lidies con los desafíos dirá mucho de ti. **Son los momentos duros los que hacen ver de qué pasta está hecha una persona.**

Sé fiel a ti mismo y a tus ideales, no te sientas inferior a otros, si ellos tienen más conocimientos que tú es porque aún te queda más camino por recorrer y eso será lo que vas a hacer para estar a la altura. Pero si hoy no te pones en marcha por miedos, entonces si que te habrás quedado totalmente desbancado.

No intentes ser otra persona, simplemente trata de mejorarte día a día.

Tú tienes atributos y cualidades que te hacen diferente a mí y al resto de las personas.

Mantente agradecido a lo que eres hoy y has conseguido hasta la fecha. Así te abrirás puertas a algo más grande.

No te estanques en las malas experiencias del pasado, te harán sentir acomplejado. *Sólo es eso, pasado*. Ahora debemos aprender a vivir el regalo del presente. Tu pasado no determina tu futuro, lo que lo determina son las decisiones que tomes hoy mismo. Tu mentalidad positiva te forjará un mejor futuro.

La versión personal

"La gente pequeña trata de empequeñecer tus ambiciones. La gente pequeña siempre hace eso, pero la gente realmente grande te hace sentir que tú también puedes ser grande"

Mark Twain

Cuenta la historia que un rey árabe tuvo un sueño en el que perdía todos los dientes. Asustado ante tal sueño mando llamar a un adivino para que le dijera el significado de su sueño.

-¡Qué tristeza me da la situación, su majestad! Cada diente perdido es la muerte de uno de sus familiares. -Contestó el adivino.

-¡Qué atrevido! ¡Salga de aquí! ¿Cómo se atreve a decirme tal cosa? -Dijo el rey.

El rey mandó echarlo y castigarlo con latigazos. Pronto llamaron a otro adivino que paso a decirle:

-¡Afortunado es mi señor! Usted será bendecido con una larga vida. ¡Sobrevivirá a todos sus parientes! Increíble fortuna la vuestra. —Aclamó el adivino.

-Dadle cien monedas de oro a este adivino. -Le dijo el rey a los guardias.

Sorprendido uno de los guardias reales, cuando el adivino salió por las puertas de palacio, le preguntó:

- ¿Cómo puede ser que contando los dos un mismo hecho, uno se lleve latigazos y usted se lleve monedas de oro?

- No olvides querido amigo, que todo depende de cómo se digan las cosas. —Sentenció el adivino.

Aprender a comunicarnos con respeto y el arte de saber decir las cosas bien, puede abrirnos muchas puertas en la vida.

Como me decía mi abuela: "Con educación se va a todos lados. Respeta a los mayores que guardan más años de sabiduría que tú. Si tratas bien a los demás, aprenderás mucho de ellos".

Las personas más exitosas que conocemos son aquellas que no les cuesta reconocer su falta de conocimiento. Siempre se muestran hambrientas por algo nuevo que conocer. **No son personas prepotentes, son personas con pasión.**

Trabaja como nadie por tus sueños

Para lograr tus sueños, lo más probable es que antes debas trabajar para los sueños de otro. Necesitarás generar ingresos para poder sacar adelante tu proyecto.

Necesitas ese impulso económico, y el peor error que podrías cometer es dejar tu trabajo para lanzarte a por tu sueño. Un buen proyecto requiere planificación y la parte económica es un pilar fundamental.

No debemos tampoco perder de lejos las palabras de Robert T Kiyosaki: "Si estás trabajando, no tienes tiempo de ganar dinero. Si estás trabajando duro físicamente y no avanzas financieramente, entonces es porque eres el apalancamiento de otra persona".

Definitivamente cuando trabajamos por cuenta ajena trabajamos por los sueños de otros, es así. Y no es malo, siempre y cuando sea una elección hecha a conciencia.

Siempre puedes elegir.

Nunca te des por vencido con tus sueños. Cuando estés a punto de rendirte, recuerda que Coca-Cola en su primer año tan sólo vendió 25 botellas.

Cómo entender el trabajo

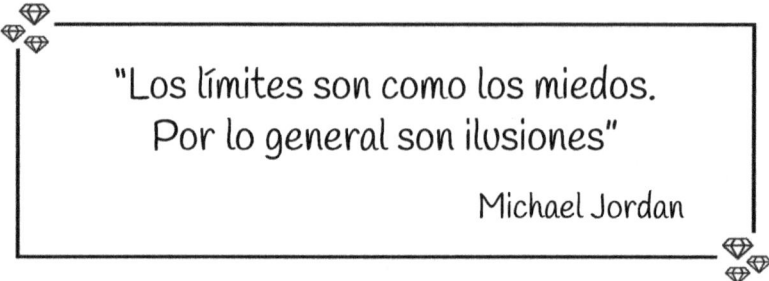

"Los límites son como los miedos. Por lo general son ilusiones"

Michael Jordan

El mundo está cambiando a pasos agigantados, vemos como alrededor del mundo han surgido personas que en lugar de aceptar trabajos tradicionales. Se han sumado a nuevos sectores, como a la aplicación Uber, donde estos trabajadores contactan con potenciales clientes, usan como vehículo de trabajo el coche propio y ofrecen sus tarifas a clientes alrededor de todo el mundo.

Las empresas convencionales no están desapareciendo, sólo que **están emergiendo nuevas formas de entender el empleo**. Se están creando nuevas empresas con motivos y misiones diferentes. Y esto está sucediendo en todos los campos, para bien o para mal, es lo que tenemos. Debemos estar al día sino queremos quedarnos rezagados en el mundo laboral.

La posibilidad de permanecer en el mismo trabajo para toda la vida parece que es algo que ya sólo se lo oímos a nuestros abuelos, antes era lo correcto e inteligente. Hoy en día, esto ya es infrecuente, **ya no son sólo las ganas de mejorar y crecer profesionalmente, sino que tal cosa es vista como estancamiento.**

Tenemos estudios que avalan estos hechos, como el de Lee Hecht Harrison que demuestra que la mayoría de nosotros viviremos entre 7 u 8 cambios de trabajo a lo largo de nuestra vida laboral.

> La Oficina de Estadísticas Laborales de Estados Unidos informa que los trabajadores estamos en un mismo trabajo una media de 4,2 años. Aunque reconoce que los trabajadores de la generación Millennial (nacidos entre 1977 y 1997) cambiaremos de empleo incluso con más frecuencia.

Nos reinventamos continuamente, ya no trabajamos sólo en un mismo sector sino que somos capaces de saltar de uno a otro con facilidad.

• •

La pregunta pasa de ser ¿dónde trabajas? a ¿en qué trabajas ahora?

• •

La transformación laboral se ha visto reflejada a través de la pirámide de necesidades de Maslow.

Hasta la mitad del Siglo XIX, las personas buscaban un trabajo que cubriese sus necesidades más básicas (comida y hogar). Para el Siglo XX, una vez conseguida mayor riqueza, los esfuerzos se concentraron en la seguridad laboral. Los sindicatos creados entre los propios trabajadores velaron por la mejora de las condiciones de trabajo.

Tras la Segunda Guerra Mundial, y una vez conquistados los escalones anteriores pasamos a buscar un trabajo en el que estuviésemos a gusto con las personas con las que trabajábamos. Después, buscamos trabajos donde nuestros superiores nos respeten y reconozcan nuestro trabajo.

Dado que pasamos la mayor parte de nuestro día en el trabajo, no es de extrañar que busquemos trabajos que nos hagan sentir bien y satisfagan de un modo más completo nuestras necesidades.

> "No puedes bañarte dos veces en el mismo río. Porque siempre fluyen aguas nuevas"
>
> Heráclito de Éfeso

El filósofo griego Heráclito nos dejó la idea de que lo único constante que tenemos en la vida es el cambio. La metáfora que utilizó del río es perfecta. Ya que no puedes entrar dos veces a un mismo río. Las aguas que pisaste la primera vez han fluido y ahora son otras, igual que tú que no eres el mismo que entró la primera vez.

En nuestra era de la información, sólo tú puedes decidir qué hacer con tal vorágine de información, **si con ella pasas el rato o con ella haces algo que hasta ahora nadie a hecho jamás.**

Algunas personas, mientras tú duermes, viven mejorando aplicaciones y productos para mantenerse en la actualidad. La vida está avanzando a pasos agigantados.

Donny Deutsch dijo que **por cada persona que tiene lo que hay que tener, hay cien personas.** Esa persona es la única que alcanza algo relevante; es quien dice: "¿y por qué yo no?" y va a por ello.

• •

Hemos pasado de lo que el filósofos Francis Bacon decía: "el conocimiento es poder" a lo que el filósofo chino Laozi dijo: "cuánto más sabes, menos entiendes".

• •

La clave se encuentra en extraer lo imprescindible entre tanta montaña de información , hay que extraer lo esencial y desechar el resto. **Cada uno tiene unas necesidades dis-**

tintas, determina las propias. Si no te verás envuelto en el caos y las ambigüedades.

Se ha demostrado que en lugar de luchar contra nuestras debilidades lo que debemos hacer es trabajar en potenciar nuestras fortalezas. La famosa encuesta Gallup realizada a más de 1000 trabajadores *concluyó que los que se centraban en mejorar sus fortalezas eran más felices, tenían más energía y se sentían más saludables que el resto.*

¡Ahora ya sabes lo que te tienes que trabajar!

Me encanta el concepto que creó Abraham Maslow de **"EXPERIENCIA CUMBRE".** Experiencia cumbre es aquella que **define los mejores momentos que vive la persona, está formada por los momentos de felicidad y alegría máxima.**

Si le preguntas a alguien por una EXPERIENCIA CUMBRE te responderá: el último viaje, la fiesta de hace un par de semanas o el nacimiento de su hijo, entre otras.

Y es que para la mayoría de las personas, esto son momentos que se presentan en días contados y dando gracias. Sin embargo, **Maslow decía que las personas que se sienten realizadas, pueden sentir estas EXPERIENCIAS varias veces durante un mismo día, incluso haciendo cosas tan cotidianas como cocinar.**

En el libro La ciencia de la Felicidad se dice que el **40% de lo que llamamos felicidad no se determina genéticamente sino que lo forman las elecciones que tomamos a diario.**

Nunca midas tu felicidad con la regla de otros.

En el libro el "Management del Siglo XXI" de Peter Drucker encontramos que se necesita mucha más energía para pasar de la incompetencia a la mediocridad. En cambio, es más sencillo pasar de un buen rendimiento a la excelencia, ya que potenciar las fortalezas existentes es más fácil que trabajar sobre las debilidades.

Anita Roddick fundadora The Body Shop reconoció que ella como empresaria flaqueaba en algunos puntos. Especialmente, en la gestión financiera de la empresa. Pero lejos de que Anita no lo vio como un impedimento, sino que centró toda su energía en lo que se le daba bien: la misión de su negocio, tener cosméticos éticos y sostenibles.

Se supo rodear de personas a las que sí se les daban bien los puntos que ella tenía como debilidades, y su empresa despegó.

Abarcarlo todo es imposible porque perdemos el foco.

Esto no quiere decir que al centrarnos en nuestras fortalezas, olvidemos nuestras debilidades. Nunca las desatenderemos, debemos ser astutos y trabajar fuertemente en lo bueno que tenemos.
Y a ti, ¿qué se te da realmente bien?, ¿los idiomas?, ¿la atención al cliente?, ¿la gestión financiera?

• •

Entonces ya sabes que tienes que potenciar...

• •

Parte 3: Multiplicando éxitos

Dedica tiempo a quien amas

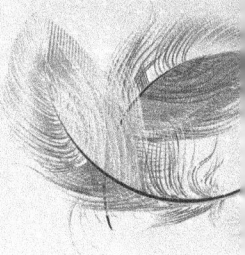

Está genial que tu vida laboral esté bien cuidada, pero nunca a costa de la familia. El cariño que no das, con los años no vuelve a ti.

> Pero eso sí, ama a los demás como te amas a ti mismo, no en lugar de a ti mismo.

Me contaron una historia que me pareció graciosa a la par que reflexiva.

Atento...

> Un padre llegaba a casa del trabajo y se iba a su despacho a terminar unos informes que le habían quedado pendientes y debían estar listos para el día siguiente.

> Su hija pequeña, que lo ve trabajando como un loco, le pregunta a su madre:
>
> - Mamá, ¿por qué papá sigue trabajando cuando está en casa?
>
> - Hija, es que papá tiene muchas tareas que hacer y no tiene tiempo de hacerlas todas en la oficina. –Responde la madre.
>
> - ¿Y entonces por qué no lo ponen en el grupo de los lentos? –Pregunta la hija confusa.

Te invito a que reflexiones acerca de aquello que estás haciendo o que vas a empezar a hacer, que pienses acerca del costo de tiempo que te supondrá realizarlo y de si estás dispuesto aún así, a llevarlo a cabo.

No hay nada mejor que una retirada a tiempo, nunca pongas cosas secundarias por delante de tus valores fundamentales.

"El título más valioso que puedes tener en la vida es ser buena persona, y éste no te lo da la universidad, te lo dan tus valores"

Will Smith

Sólo tú conoces qué lugar ocupa cada cosa en tu escala de valores.

Las estrategias que te llevan al éxito

- Confía sólo en aquellos que tienen la información y que han superado esa situación.

- Cada vez que te desplaces, toma tu móvil y escucha audios que te ayuden a avanzar.

- Invierte en ti mismo tanto como puedas.

- Empieza a leer mínimo dos libros al mes.

- Agradece a la vida tanto como puedas, puedes hacerte con un cuaderno de agradecimientos e ir rellenándolo cada mañana. Se ha comprobado que una persona agradecida regula mejor sus niveles de glucosa y tensión arterial.

- No veas la televisión, es decir, no te conformes con la programación del momento, escoge tú qué y cuándo verlo.

- Controla tus gastos.

- Cuando vayas a tomar una decisión económica, hazla pensando en tu balance anual.

◈ Date lujos y caprichos una vez hayas sido capaz de pagar el precio que te hayas marcado (una cantidad de ahorro, ejecutar cierta tarea, enfrentarte a determinada situación...) ¡Lo mereces!

◈ Tómate unas mini vacaciones de vez en cuando.

◈ Alégrate cuando a otros les vaya bien, recuerda que aquello en lo que te enfocas se expande.

◈ Para saber si te alimentas bien, examínate tras las comidas, valora si tienes más o menos energía tras ellas. Si después de comer necesitas dormir, quizás debas reducir las cantidades o cambiar el menú.

◈ Antes de comer cualquier cosa, pregúntate si es hambre o sed lo que sientes.

◈ Cada vez que seas consciente de tus quejas y críticas, redúcelas.

◈ Si necesitas más horas de productividad prueba a acostarte una hora antes y a levantarte una hora antes. Por la noche se toman peores decisiones.

◈ Crea una lista de cosas que te hagan feliz y ¡hazlas!

◈ Camina todo lo que puedas cada día (usa las escaleras en lugar del ascensor, camina en lugar de tomar el coche si te es posible...)

Descansa bien para después sacar lo mejor de ti

El sueño es algo importantísimo, no hace falta que te recuerde que estar varios días sin descansar bien, **hace que te comportes como si estuvieras de resaca,** pues no estás a pleno rendimiento.

Las claves para un buen descanso (crea una rutina nocturna)

- ❖ Escoge una hora para irte a dormir y conviértela en parte de tu rutina de noche. Llévala a la práctica también los fines de semana.

- ❖ Si te has ido a la cama pero no tienes sueño suficiente y llevas más de 15 minutos dando vueltas, lo mejor es que te pongas a hacer cosas que te puedan dar sueño, como leer. Nunca te distraigas con pantallas de tablets o smartphones, ni juegos, pues lejos de dormirte, vas a querer seguir y seguir con ellas.

- ❖ Efectúa siestas cortas. Muchos hemos caído en la tentación de las siestas largas y esto nos hace llegar a la noche sin sueño. Haz siestas de 20 o 30 minutos como mucho, obtendrás la energía que necesitas para afrontar la tarde a pleno rendimiento.

◈ Nada de ejercicio, ni de bebidas estimulantes durante las tres horas previas a acostarte. De lo contrario, le estarás dando a tu cuerpo la orden de mantenerse activo.

◈ Dormir hacia el lado izquierdo favorece los procesos digestivos, si puedes acostumbrate a dormir en esta posición.

Creando hábitos de excelencia

Lograr un hábito ya sabes que requiere tiempo y fuerza de voluntad, no dejes que la primera traba haga que te detengas. Las personas a diferencia de los animales como los ñu, que al nacer ya comienzan a andar y a las horas ya los puedes ver corriendo junto a su manada, necesitamos tiempo.

Las personas necesitamos un tiempo para lograr desarrollar una habilidad. Si te preparas el tiempo suficiente y necesario, un día tendrás esa habilidad que ahora deseas.

Cuando te encuentres frente a algo que desconozcas y de lo que quieras saber más, **compórtate como un niño deseoso de saber.** No te quedes en preguntas superficiales como: ¿es rápido? en las que te respondan un sí o un no, más bien pregunta ¿cómo de rápido es?

Indaga y pregunta todo lo que puedas, renueva tus conocimientos y mejóralos. Haz con tus conocimientos lo que hace el empresario, que renueva sus máquinas por otras mejores y más actualizadas.

Ve siempre un paso más allá

> Toni Nadal, ex entrenador de Rafa Nadal, uno de los mejores tenistas del mundo, dice que: "hay que aprender a conjugar el verbo "aguantarse", hay que aguantarse ahora para disfrutar después".

Puede que hoy te cueste un trabajo increíble implementar el hábito de hacer ejercicio, pero en un año disfrutarás de un cuerpo bonito y saludable. Los hábitos te llevarán a tener una vida excelente.

Y el éxito déjame decirte que no se encuentra en el dinero que poseas, sino que se encuentra en la consecución de los objetivos que te llevan a tener el estilo de vida que buscas.

Si una persona tiene el deseo de retirarse a vivir a lo alto de una montaña, a vivir solo y cultivar lechugas; y finalmente lo consigue; esa persona habrá logrado tener una vida de éxito.

No te dejes influir por lo que otras personas estén haciendo con sus vidas, cada uno tenemos nuestro propio molde. Sé feliz haciendo lo que te haga feliz. No hay más.

Mejor de uno en uno

Puede ser que de repente te entren unas ganas irrefrenables de cambiar tu vida y quieras adquirir muchos hábitos nuevos para alcanzar esa excelencia que buscas. Si pretendes adquirir muchos de golpe, acabarás exhausto y frustrado.

> Empieza con los hábitos que te supongan menos trabajo, no empieces con los más costosos.

Cuando lleves encima el subidón de haber conseguido incorporar varios hábitos, te resultará más sencillo empezar con el otro.

Si asocias los hábitos a ciertos momentos del día, **harás que te salte una alarma mental** cada vez que llegues a ese momento del día. Imagina que quieres incorporar la lectura a tu vida. Si asocias el momento de acostarte a leer 4 páginas de un libro, cada vez que te metas en la cama te saltará la alarma. **Esta asociación hará que el hábito no se te olvide.**

Sabrás que tu hábito está consolidado cuando puedas hacerlo de manera subconsciente. Cuando llegue la hora del día y lo hagas de forma automática, sin pensar.

Tus hábitos son como tu jardín

Piensa que tus hábitos son como esa semilla que plantas en tu jardín. Plantas la semilla con ilusión, y la riegas a pesar de que al inicio no ves los resultados, ya que al principio solo está creciendo y echando raíces bajo tierra.

Una vez esa semilla ha brotado y se ha convertido en una planta preciosa con bellas flores, no sólo te puedes quedar orgulloso admirándola, debes seguir regándola y quitándole las malas hierbas a su alrededor, o de lo contrario tarde o temprano morirá.

Lo mismo ocurre con nuestros hábitos, no se pueden descuidar... Si es jueves y ese día toca hacer 30 minutos de ejercicio y estás físicamente agotado, al menos haz 5 o 10 minutos de estiramientos. **Lo importante es acordarse del hábito y hacer algo.**

• •

Es preferible poco a nada.

• •

La recompensa física

Plantearnos la realización de hábitos, fisiológicamente también nos beneficia, piensa que cada vez que en tu vida realizas un logro, **estás segregando dopamina**, un neurotransmisor que te hace sentir bien.

El haber alcanzado ese logro te estimula a querer alcanzar otros, pues **para el cuerpo la dopamina es como una droga** de la que siempre quiere más y más.

> "Los logros son la máxima expresión de la estima que nos tenemos a nosotros mismos"
>
> Nathaniel Branden

Por eso, es tan importante no saltarse el hábito ningún día, cada vez este chute de dopamina será más necesario.

El día que no lo obtengas, te sentirás mal.

Es tan beneficiosa la dopamina que incluso **reduce los niveles de cortisol en sangre**, la hormona que nos produce el estrés.

Mejora tu alimentación tanto como puedas

Ya te habrás dado cuenta que las dietas de poco sirven, son algo temporal y que tan pronto como las abandonas, vuelves a las andadas.

Lo que sí que funcionan son los cambios de alimentación que incorporas. **Es como si pretendieses que hacer ejercicio durante tres meses durase un año entero**, es absurdo. Mejor **menos pero constante** a lo largo de todo el año.

Necesitamos ser más conscientes de nuestra alimentación para poder empoderarnos más.

> ¿Sabías que la Organización Mundial de la Salud recomienda máximo 25 gramos de azúcar a día? Asique si un día te tomas un refresco que contiene 40 gramos de azúcar, te habrás pasado, y eso sin contar con que en prácticamente todos los alimentos que tomas, estás tomando azúcar.

El azúcar es más adictivo que la propia droga, engancha más. Esto ya se ha comprobado en los laboratorios con roedores. Por eso, a veces, pareciera que no pudiésemos parar de comer dulces.

No sé si conozcas que la sensación de saciedad tras empezar a comer, **tarda unos veinte minutos en llegarte**. Por tanto, la única forma de comer menos y saciarte es masticando más, pues estás empleando más tiempo en cada bocado.

Esto que te acabo de contar lo abala un estudio del British Medical Journal, que dice que las personas que mastican poco y comen rápido, tienen más probabilidades de presentar obesidad.

Tu intestino determina tu estado de ánimo

Quizá, esto que te voy a contar lo desconozcas y te llame bastante la atención tanto como a mí, cuando lo descubrí. Michael Gerson, en su libro *Second Brain* explica que el **95% de la serotonina se fabrica en el intestino.**

La serotonina se encarga de regular nuestro estado de ánimo.

Cuando estamos estreñidos, secretamos menos serotonina, y **nuestro estado anímico se encuentra más bajo.** Con esto te invito a que cuides tu alimentación, pues ésta determina enormemente como te encuentras.

Escoge siempre ser feliz

La mayoría se enfoca más en la vida de los famosos que en la propia. El éxito de las revistas del corazón, los programas del corazón y los seguidores de los famosos en las redes sociales lo demuestran.

Valora y exprime tu tiempo. **En diez años sólo el 4% conseguirá sus objetivos.** Todo aquello que hagas, te debe ayudar a crecer.

> "En la vida o todo es un milagro o nada es un milagro"
>
> Albert Einstein

Todos tenemos diferentes sueños y problemas. Estés en la parte del mundo en la que estés, tienes las dos mismas necesidades que tiene el resto del mundo:

> 1. <u>Querer sentirte seguro</u>: evitando el dolor y sintiendo el placer. Pero dentro de esa seguridad debes encontrar variabilidad porque de lo contrario te aburrirías.
>
> 2. <u>Encontrar un significado de vida</u>: necesitas crecer en la vida, mejorar y contribuir al mundo.

Hay personas que se centran en la segunda opción de la forma incorrecta y empiezan a querer ser importantes para los demás y pretenden alcanzar un status increíble a través de las redes sociales. Estas personas publican fotos sonrientes con sus parejas y amigos, fotos cargadas de filtros para que se vean más lindos aún en sus redes sociales, pero luego en casa, a solas, se dan cuenta de cuán falsa es la realidad que están pintando.

La seguridad en todo lo que hagas es difícil de obtener, cuando emprendas algo, nunca tendrás certidumbre completa, si sólo buscas certidumbre no emprenderás el 97% de las cosas que se te pasen por la cabeza.

Si quieres lograr algo, no sólo te servirá modelar a otra persona, ya que **no te estarás centrando en lo que a ti te llena, sino en lo que le llenó a la otra persona.**

Robbins Williams, el actor, tuvo mucho éxito. En su vida profesional logró premios, éxitos en sus películas y tenía hasta su propio programa... pero él sentía que hacía feliz a todo el mundo menos a sí mismo, y desgraciadamente esa mentalidad le hizo quitarse la vida.

Tu vida está controlada por tus decisiones. Éstas son muy importantes. Piensa en las decisiones que tomaste hace 5 años. De haber tomado una distinta, hoy tu vida sería muy distinta. En las relaciones, en lo físico o en tu vida laboral.

Si tuvieras una última semana de vida, apuesto por que no te centrarías en ese pequeño problema que ha invadido tu mente esta semana. Estoy segura de que pasarías más tiempo con las personas que amas, que reirías más, que pasearías más, que disfrutarías del sol, de la noche bajo las estrellas, del olor a hierba recién cortada, del aire fresco, del delicioso sabor de la comida...

Entonces ¿por qué esperar más tiempo?

En realidad se trata de ti, de tu vida. Vive cada instante al máximo. Podrías perder a un familiar de un momento a otro, podrías perder tu trabajo si llegase una gran crisis, podría llegarte un divorcio... Nadie sabe lo que pasará. Pero sí que tenemos la certeza de tener lo que hoy disfrutamos.

Decide ser feliz, si Viktor Frankl, el neurólogo y psiquiatra austriaco, pudo llegar a experimentar alegría en un entorno tan terrorífico como Auschwitz, uno de los campos de concentración nazi, entonces nosotros podremos vivir mucho más felices. **Tenemos la capacidad.** Viktor explicó la importancia de dar un sentido al sufrimiento. **Si cambias la pregunta: "¿por qué a mi?" por "¿para qué?" automáticamente pasarás a sentirte mejor**, lograrás encontrarle una razón a esa circunstancia adversa y podrás sobrellevarla mejor.

Tu entorno no va a cambiar para comportarse de la manera que tú quieres que lo haga. Y si ahora estás en un entorno "fácil" que te hace feliz, piensa que éste también va a cambiar, porque todos somos humanos y todos cambiamos. Por tanto, sé feliz sean cuales sean las circunstancias, es tu decisión.

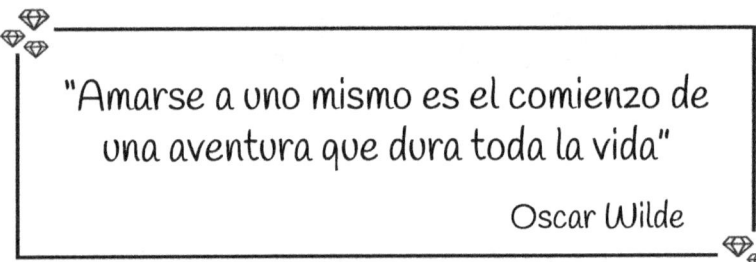

"Amarse a uno mismo es el comienzo de una aventura que dura toda la vida"

Oscar Wilde

Hay personas que sólo mejoran su estado anímico momentáneamente, con acciones que son destructivas para ellas mismas. Algunas de éstas serían: beber en exceso, comer en exceso, fumar, derrochar dinero sin control... Estas acciones distan de la felicidad.

Crea una lista de acciones que eleven tu estado anímico. Ponlas en práctica cuando acechen las emociones negativas.

Decide ser feliz.

Decide ahora mismo.

El éxito es cambiar tus expectativas.

> Las personas que quieren dar un cambio radical de vida lo hacen por una de las siguientes <u>tres razones:</u>
>
> ◈ Sufrieron de más.
>
> ◈ Aprendieron que existe algo mejor.
>
> ◈ Se cansaron de recibir más de lo mismo.

Hay personas pobres en la India que son tremendamente felices, y en cambio hay personas que han trabajado muy duro en los Estados Unidos para conseguir el nivel de riqueza que soñaban y cuando lo obtuvieron, no lograron ser más felices.

Entonces, ¿qué estamos esperando conseguir para ser felices?

Quizá aún no estés donde quieres estar, pero tarde o temprano lo estarás.

Disfruta el camino

La mayoría no sabe hacia dónde se dirige. **No es un buen plan hacer feliz a los demás, en cambio sí lo es hacerte feliz a ti.**

Eso sí es factible.

¿Cuántas personas hay viviendo en incoherencia por no haberse dedicado tiempo a conocerse y a tener muy en cuenta sus valores? Hay trabajos en los que se vería claro que existe incoherencia como sería el caso de un vegano que no se sentiría cómodo trabajando, por ejemplo, como carnicero, o si es alguien que odia los números, de seguro no sería feliz siendo contable.

A veces, el límite no se ve tan claro, es tan fino que debemos reflexionar un poco más allá y ver porqué nuestro trabajo no nos motiva. Quizá, si uno de tus valores es la honradez, lo que hará que no estés cómodo en tu trabajo serán las mentiras que diga tu jefe al cliente acerca de un producto.

Quizá, tu malestar se encuentre en que estás dando más importancia al dinero que a tu felicidad.

En la primera semana de febrero la mayoría ya ha tirado por la borda la lista de sus objetivos. Esto sucede porque son objetivos que les gustaría alcanzar, pero no son objetivos que verdaderamente les haga felices.

• •
La búsqueda es tan importante como la meta.
• •

El camino te ayudará a crecer como persona. **Es más importante en quién te conviertes durante la búsqueda de tu propósito.**

Dice Tonny Robbins que **la mayoría de las personas sobrestiman lo que pueden alcanzar en un año y subestiman lo que pueden alcanzar en diez años.**

Por eso tiran la toalla.

Es importante que te visualices alcanzando aquello que deseas. Saúl Craviotto, piragüista internacional dice: *"me visualizo ganando y levantando el brazo en la meta las noches anteriores a la competición. Visualizo la victoria".*

No te centres en lo que no quieres, sino lo que sí quieres.

No pienses: *no quiero estar gordo,* piensa *quiero estar físicamente saludable para verme bien.*

Las personas identifican más rápido lo que no quieren que lo que sí quieren. Se centran más en el dolor y en el miedo que en el placer.

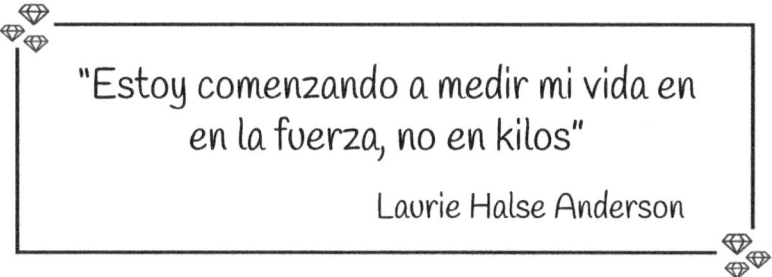

"Estoy comenzando a medir mi vida en en la fuerza, no en kilos"

Laurie Halse Anderson

No tienes que hacer nada perfecto, EMPIEZA AHORA, no esperes que llegue el momento de sentirte preparado para realizar algo. Piensa en lo siguiente: **si nunca lo has hecho, ¿cómo vas a estar preparado?** Lo lógico y coherente es que al empezarlo no estés preparado.

Empieza con miedos, pero empieza, sobre la marcha encontrarás información, mejorarás y lo que no sepas cómo se hace, lo averiguarás.

• •

Si has logrado lo que te has propuesto,

sigue estableciendo nuevas metas.

• •

Debes mantenerte siempre en movimiento. Imagina que has llegado a tu meta de alcanzar 100.000 dólares anuales, si te paras ahí, tu energía caerá, tu vida quedará estancada, te aburrirás...

Baraja tu próximo reto.

Los consejos traicioneros

Cuando vemos que las cosas no funcionan, que algo no se está haciendo como consideramos que se debería hacer, cuando vemos que la otra persona está a punto de cometer un error... Nos vemos tentados a emitir un consejo para tratar de revertir la situación.

Ni cuenta nos damos de que, a pesar de nuestra buena intención, podemos causar irritación y estrés en la otra persona. **Pues de buscar consejo ajeno, quizá ésta lo hubiese pedido.**

Tras emitir nuestro consejo, podremos encontrarnos con una actitud a la defensiva. En ocasiones nos encontraremos con una persona que genere resentimiento hacia nosotros por meternos donde no nos han llamado.

•••••••••••••••••••••••••••••••

¿Quién no se ha sentido alguna vez mal

tras haber dado un consejo a alguien y

que éste no se lo haya tomado bien?

•••••••••••••••••••••••••••••••

Dale Carnegie, nos decía un siglo atrás que los consejos no suelen ser bienvenidos por las personas, pues **sentimos que nos atacan.**

De ser imprescindible el tener que emitir un consejo, como a un hijo; se ha descubierto, que **para que el consejo sea bien recibido, es mejor emitir antes un elogio,** un estímulo positivo que haga sentir bien a la otra persona.

Se dice que para equilibrar la balanza son necesarios cinco comentarios positivos por cada uno negativo.

Nassim N. Taleb expresaba: *"Piensa un momento si prefieres recibir alabanzas sin merecerlas o no recibir ninguna alabanza siendo una persona que se las merece".*

Copiemos a Benjamin Franklin, este hombre a los veinte años se marcó un objetivo bastante ambicioso:

 Conseguir la perfección moral.

Benjamin, dedicó su tiempo a estudiar las biografías de grandes hombres y extrajo de ellas las virtudes que consideró que debían marcar su vida.

> "La felicidad humana generalmente no se logra con grandes golpes de suerte, que pueden ocurrir pocas veces, sino con las pequeñas cosas que ocurren todos los días"
>
> Benjamin Franklin

Tú eres tu mejor amigo

La gran mayoría de personas cuando les surge un desafío preguntan a otras personas acerca de cuál sería la mejor opción para resolverlo, y en absoluto es mala opción si se trata de personas que te aprecian y que desean cosas buenas para ti. Pero a veces, se nos olvida que el mejor consejo nos lo podemos dar nosotros mismos. **Hablar con uno mismo es tan sencillo como llevar un diario.**

Pero no un diario de cualquier manera, no se trata de tener una agenda, no es la función perseguida, se trata de **tener un diario de anhelos y sueños, opciones, planes, metas, diferentes perspectivas...**

> Como ves no te hablo de escribir sin más, si no de escribir con propósito, en el que veas cómo vas evolucionando en determinadas áreas, tus próximos pasos a seguir, un lugar donde buscar más información acerca de ese nuevo reto que te planteas...

Un diario te aportará claridad. Cuando en la mente tenemos pensamientos dispersos y tratamos de plasmarlos en un papel, hacemos todo lo posible para encontrar la forma de explicarlos de manera más concreta y precisa, de eso es de lo que se trata.

Escribir nuestros sueños de alguna manera nos acerca a ellos, los vemos más cercanos, nos hace encontrar formas de traerlos a la realidad.

Un diario de sueños crea una atmósfera mucho más positiva.

El tener tus metas por escrito te unirá más ellas y crearás un vínculo de compromiso más fuerte.

Prueba a empezar un diario de sueños.

En el que puedas apuntar tus avances diarios por pequeños que sean. También plasma tus "no avances", esto te hará ver las cosas desde una perspectiva distinta y **hará que te pongas las pilas**.

*Piensa lo siguiente:
¿cuántas personas quieren escribir día tras día que no han hecho nada de lo que se han prometido?*

Yo desde luego no...

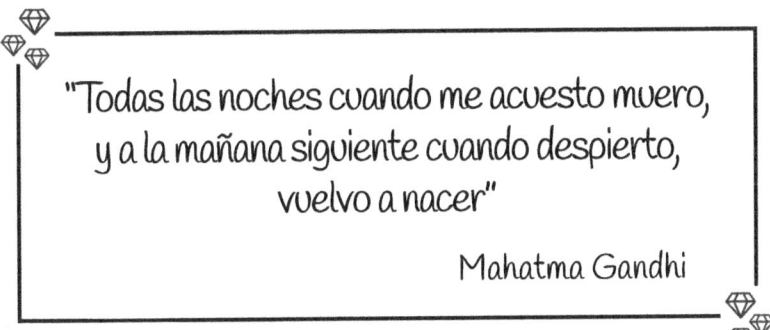

"Todas las noches cuando me acuesto muero, y a la mañana siguiente cuando despierto, vuelvo a nacer"

Mahatma Gandhi

Las personas somos tremendamente olvidadizas, si pones a prueba a tu memoria y te preguntas por lo que hiciste el martes de hace dos semanas, te darás cuenta que ni lo recuerdas. Sentirás como si hubiese un vacío.

La solución a esto es llevar un diario, tendrás cubierta tu capacidad de memorizar ciertos acontecimientos y dejarás libre para otras cosas parte de tu memoria.

La marca que deja un tenue lápiz sobre la libreta es mucho mejor que las mejores de las memorias.

No quieras escribir un diario eterno, recuerda que menos es más, y de no hacerlo así, los primeros días que son los que más motivado estás, escribirás un montón, pero días después te cansarás y lo dejarás.

Al principio debes contener tu ansia por escribir, escribe más escueto y lo esencial de ese día, hasta que se haya convertido en un hábito.

No siempre vas a tener la fortuna de estar motivado. A veces, simplemente será cuestión de ir y hacerlo.

Escribir tiene su sentido si después de un tiempo, relees lo que escribiste, pueden ser seis meses después, un año o menos tiempo, lo que estimes oportuno.

Enfócate en la tendencia que llevaste a lo largo del tiempo, en la planificación y consecución de objetivos. **Los cambios que hoy puedas hacer por pequeños e imperceptibles que te parezcan a lo largo del tiempo pueden tener unas consecuencias asombrosas.** Tanto para bien como para mal.

No olvides que con el tiempo podrás conseguir cualquier cosa que te propongas.

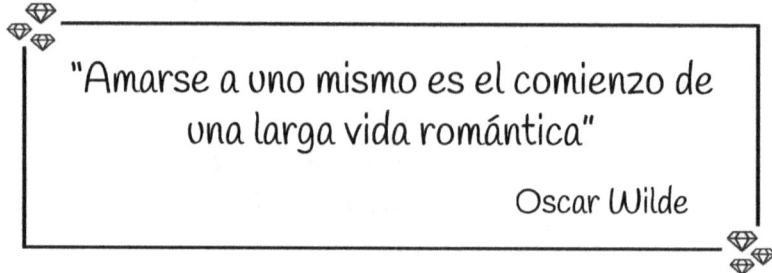

"Amarse a uno mismo es el comienzo de una larga vida romántica"

Oscar Wilde

> Las personas somos bastante similares a las carpas. Seguramente ya conozcas que estos animales dependiendo del contexto en el que vivan, así será su tamaño. Si se encuentran en un estanque pequeño crecerán poco, pero si están en un estanque grande, su tamaño será mucho mayor.

Nosotros crecemos dependiendo de cuál sea nuestro entorno, de cómo sean nuestras lecturas, nuestras conversaciones...

Seguro que conoces el ya famosísimo estudio de K. Anders Ericson: **"la regla de las 10.000 horas"**. Anders observó que los mejores violinistas destacaban por encima de los que simplemente eran buenos, y que esto se debía a las horas extra que dedicaban a practicar.

Lograr la maestría requiere de enfoque y deliberación hacia aquello que queremos obtener. **Es maravilloso saber que la excelencia no está al alcance de unos pocos marcados por Dios sino que está al alcance de cualquiera** que tenga enfoque y dedique tiempo a ello.

Aunque debemos marcar unos límites para no volvernos adictos al trabajo. Que esa mentalidad no te lleve a perder de vista otras prioridades en tu vida.

Sólo tú sabes dónde está tu límite y hasta donde quieres llegar.

Otro punto que también descubrieron en el estudio era que los mejores violinistas descansaban más que el resto. En promedio dormían 8,6 horas.

Y tú, ¿cuántas horas duermes?

La fuerza del cambio

>
> "La educación es el vestido principal
> para la fiesta de la vida"
>
> Carolina Herrera

Vivimos en una cultura donde a pesar de que el cambio se siente en cada poro de nuestra piel, éste no está asimilado. La mayoría lucha por seguir aparentando estar en el momento más álgido de su juventud y **que no se note su edad real**.

Otros, se aferran a seguir viviendo toda la vida en un mismo lugar comprándose una casa o bien buscan trabajar en una misma empresa toda su vida.

*La vida no funciona así
y pronto los moverá de sus casillas.*

La filósofa Elsa Punset nos dice que vivimos en una epidemia de soledad. Cada vez más personas viven solas, en sí mismo no es algo malo. Pero es un nuevo reto. **La soledad mata tanto como el tabaco.** El estrés emocional causa estrés físico.

> El primer dato histórico de esto que nos puso en alerta fue en los años ochenta, con la epidemia del SIDA en Estados Unidos, resultó que los homosexuales que tenían más miedo al rechazo y no habían hablado abiertamente a su entorno sobre su condición sexual, morían entre dos y tres años antes que el resto de los enfermos de SIDA.

¡Basta ya! Ámate tal y como eres. A quien no le guste que mire para otro lado.

Que jamás te roben el sueño personas que duermen tranquilamente sin pensar ti.

Para vivir una vida maravillosa te animo a que te hagas preguntas empoderadoras. Uno de los rasgos de las personas de éxito es que **son muy reflexivas en su vida personal**. Las buenas preguntas te conducirán a excelentes respuestas.

Algunos ejemplos serían:

- ◆ ¿He soñado increíble?
- ◆ ¿He aprendido a desprenderme de las cosas y las personas?
- ◆ ¿He amado con todas mis fuerzas?
- ◆ Si mañana me fuese de este mundo, ¿he aportado algo valioso al mundo?

Todo empieza en ti

"El éxito no es algo que consigues, sino algo que atraes a tu vida como consecuencia de la persona en la que te conviertes. Podemos tener más de lo que tenemos porque podemos convertirnos en más de lo que somos"

— Jim Rohn

Cuanto más tiempo dediques a tu formación, a tu red de contactos, a adquirir más experiencia, más oportunidades, mejor te irá.

No dejes de invertir en lo importante: **en ti.**

No basta con estar en el momento y en el lugar adecuado, tú debes de ser la persona adecuada también. Las mejores oportunidades sólo se les van a presentar a aquella persona que esté bien preparada.

• •

Todo tiene un por qué.

Tu falta de dinero (resultado) es a causa de tu verdadero problema: tu incapacidad para generar ingresos o mantenerlos (causa).

• •

Tú puedes hacer frente a cualquier desafío dependiendo de cuánto hayas forjado en ti esas habilidades.

Imagina que tenemos un desafío con nivel de dificultad 6. Tus habilidades para solventarlo son de nivel 4, te va a costar mucho tiempo y esfuerzo encontrar la solución. Pero, ahora imaginemos a otra persona con este mismo problema pero con un nivel de habilidades 8, a esta persona le resultará muy fácil solucionarlo. Será pan comido para ella.

Toda mejora pasa por el desafío de:

Ser Hacer Tener

El desarrollo personal se basa en el equilibrio. **Debes de ser coherente con lo que sientes, piensas y haces.** El mejor síntoma para saber que estás en equilibrio es si te sientes feliz y pleno o no.

Paul Watzlawick en *El Arte de Amargarse la Vida* nos dice: "*los aspirantes a la vida amarga ven únicamente lo penoso del pasado o valoran su juventud como una edad de oro perdida para siempre, lo que se convierte en una fuente inagotable de nostalgia y aflicción*".

Tu mejor momento para ser tu mejor versión es ahora, no te aflijas en lo que pudiste hacer en tu pasado, eso no resuelve nada.

Tú eres una persona resolutiva y debes pensar como tal, piensa en lo que puedes hacer hoy para ser mejor de lo que fuiste ayer.

Invierte en tu éxito

La obtención de títulos académicos es una decisión acertada en muchas ocasiones. Pero eso solo no nos llevará a tener una vida de éxitos, debemos invertir en nosotros. A pesar, de que hoy se habla de la generación *sobrecualificada*, **en términos de producción somos lo más, pero en cuanto a humanidad… a veces, la calidad baja.** Es muy frecuente encontrarse con personas que ni saludan al entrar al trabajo, como si los compañeros fuesen muebles. Y es que somos mucho más que máquinas que producen, somos personas que conviven.

• •

Invierte en desarrollo personal, subsana tus defectos, rodéate de gente que merezca la pena y te haga crecer en todos los sentidos. Conviértete en un curioso de la información.

• •

En toda transformación observamos una pérdida energía que hace imposible el punto de retorno, lo que fue anteriormente **un objeto nunca volverá a ser igual después de haberse roto y recompuesto todas sus piezas**, por muy cuidadoso que se quiera ser. Es lo que en física conocemos como *segunda ley de la termodinámica o principio de entropía*.

Imagina un trozo de papel en perfecto estado, arrúgalo con todas tus fuerzas. Y ahora, trata de extenderlo y devolverlo a su estado anterior.

¿Imposible verdad?

Con nosotros pasa lo mismo, mientras trabajamos para generar dinero, perdemos tiempo. Es la entropía. Así que antes de pasarte la vida trabajando, mira a ver cómo quieres trabajar y cuánto. Porque **mientras tu dinero va y viene, tu tiempo ya no volverá JAMÁS**.

Piensa muy bien, antes de hacerte con tu próxima adquisición, cuántas horas de tu vida deberás pasar trabajando para obtenerlo. No es una crítica a lo que compras es una llamada a la acción. Es una llamada a pensar si estás haciendo buen uso o no de tu vida. **Nuestro dinero no es más que nuestro tiempo**, dependiendo del trabajo que tengas, tu billete equivaldrá a más o menos horas de tu trabajo.

Lecciones de vida de un niño

Deberíamos recuperar muchas cosas de cuando éramos niños. La falta de curiosidad la hemos perdido por completo. De pequeños preguntábamos ¿qué es es? ¿por qué es así? ¿para qué vale?... Todo lo queríamos saber.

> Ahora vamos presuponiendo lo que no sabemos para no quedar como ignorantes.

Que alguien dice una palabra que hasta ahora no entendemos... presuponemos que será. No vaya a ser que yo la pregunte, el resto la sepa y yo quede como un ignorante.

Pero es que encima tenemos refranes populares que no ayudan nada: "*la curiosidad mato al gato*".

O no... Quizá la curiosidad le hizo encontrar comida, vete tú a saber...

> Como sigamos presuponiendo todo, nos va a pasar como la historia que cuenta que querían fotografiar a un famoso en su yate y el jefe muy apresurado le dijo a su periodista:

- Vaya corriendo hacia la compañía de helicópteros que allí le están esperando con la puerta abierta para pillar in fraganti a este escurridizo famoso, pero no pierda tiempo.

El periodista fue a la pista y se subió al helicóptero con la puerta abierta.

-Arranque, rápido, y vaya a toda prisa hacia la isla de Ibiza —Dijo el periodista.

El joven piloto nervioso por las órdenes tan directas, arrancó y rápidamente intentó ir hacia la isla. A mitad del camino, sobrevolando ya el mar, el piloto pregunta:

-Instructor estoy algo perdido, ¿hacia dónde está la isla?

Dejemos de presuponer tanto y mantengamos algo más de curiosidad.

Que el ánimo nunca caiga

Hay ciertos días en los que entramos en un bucle de tristeza del que deseamos salir y nos frustramos al no saber cómo hacerlo.

Vamos a ver una serie de consejos que SÍ FUNCIONAN para salir de esa espiral.

La espiral empieza así:

- ♦ Por cualquier motivo te empiezas a sentir mal.

- ♦ Entras en la desmotivación con tus proyectos.

- ♦ Dejas de tomar acción.

- ♦ Te lleva a no obtener resultados o que éstos sean de baja calidad.

- ♦ Tu mente lo interpreta como un motivo más para sentirse mal, pues... ¿De qué te sirve esforzarte?

La clave es invertir los eventos que socialmente se consideran como negativos y convertirlos en positivos. Por ejemplo, una ruptura, socialmente es considerada algo malo y triste, cuando no tendría porqué serlo. Quizá, eso sea el motor para que dos personas vayan en libertad hacia sus objetivos, puede que se sintieran frenadas mutuamente o puede que con el paso de los años dejaran de compartir una misma visión de futuro, pues fueron creciendo hacia lugares distintos.

Cuando te suceda un evento considerado como negativo, piensa para qué te pudo servir. Piensa para qué te sirvió conocer a esa persona, en qué aspectos has mejorado o puedes mejorar, tras la ruptura ¿qué cosas que habían en ti escondidas han salido a la luz? ¿dependencia hacia otros?, ¿libertad?

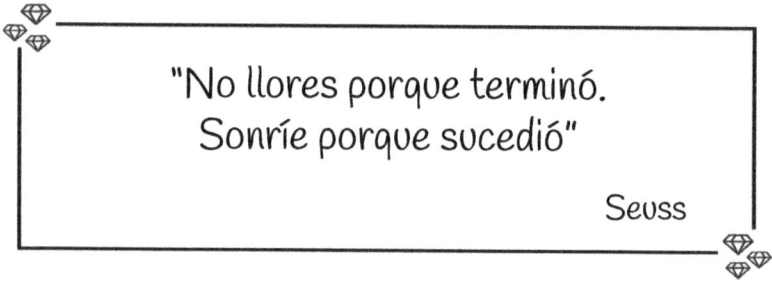

"No llores porque terminó. Sonríe porque sucedió"

Seuss

En el crecimiento personal, los eventos se consideran como *neutros*, somos nosotros los que les damos el significado de *positivos* o *negativos*.

Para salir del bucle del negativismo, **no caigas en la trampa de ponerte canciones que se asemejen a tu estado emocional**, es decir, si tu pareja y tú os parasteis no pongas canciones del estilo: *sin ti no soy nada* de Amaral. Lo único que te harán será hacerte permanecer por más tiempo en ese estado. Pon canciones movidas, que te hagan vibrar, que te transmitan energías positivas, estilo: *Madre tierra* de Chayanne.

Lo mismo aplica para las películas, ¡ojo! con aquello con lo que alimentas tu mente.

Nuestro cerebro se vuelve de alguna manera **adicto a las circunstancias,** te habrás dado cuenta que si toda la mañana estás triste, es bastante probable que sigas así durante la tarde y que llegues a la noche en ese estado.

> Te voy a presentar la historia de Tony Meléndez, un guitarrista de éxito. Este hombre explica que durante su infancia no se dio cuenta de que no tenía brazos hasta que un día los niños comenzaron a burlarse de él. Su sueño era casarse, pero las chicas se reían de él, a pesar de todo, encontró una mujer maravillosa con la que se casó y formó una familia.
>
> A Tony siempre le había apasionado la música, por lo que empezó a tocar la guitarra con sus pies de seis a siete horas diarias. Después de tanto ensayo se convirtió en un músico profesional. Hoy, sus conciertos se llenan de espectadores.

> Tony nos deja palabras tan llenas de sentimiento que nos hacen reflexionar: <<Yo veo a personas como usted, que tienen dos piernas y dos brazos, que tienen todo y dicen: "no puedo, no puedo". Sí puedes, sí puedes. Por favor, no me digan que no pueden, porque ustedes, usted, puede hacer mucho, mucho más. Levántense y diga: "Yo quiero, yo puedo, yo voy para adelante">>.

Cambia tus hábitos con el simple gesto de ponerte una meta que te estimule. Anota en tu agenda pequeñas cosas que puedas ejecutar y que luego te hagan sentir competente por haberlas alcanzado, como:

◆ Mañana desayunaré tortitas de avena y fruta fresca.

◆ Saldré a caminar a las 9 durante 30 minutos.

◆ Haré estiramientos al llegar a casa.

El simple hecho de escribirlas y ponerte en marcha, te creará una buena sensación. Merece la pena probarlo, trata de entrar en el bucle positivo.

Tu felicidad no depende de las circunstancias, depende de los químicos corporales que liberes, de las personas con las que te quieras rodear, de las ideas que decidas pensar, depende de cómo decidas percibir el mundo.

Sin duda, una de las definiciones de la **palabra suerte** que más me gusta la hace Josef Ajram. Josef descompone la palabra en los siguientes términos: **Saber Utilizar Efectivamente mis Recursos para Tener Éxito (S-U-E-R-T-E).**

Tú defines lo que hacer con cada uno de los maravillosos días de tu vida, tú decides cómo vivirlos.

> "Lo que se desea con suficiente fuerza se consigue"
>
> Hermann Hesse

Piensa que eres capaz de revertir cualquier estado mental en el que te encuentres. Tu mente no puede estar feliz y triste a la vez. **Piensa en algo por lo que te sientas feliz y a la vez intenta pensar en algo que te entristezca, no puedes.**

Tú elijes como sentirte.

Toma el hábito de escribir cada mañana tres cosas por las que te sientas agradecido, no importa qué cosas sean, si son grandes o pequeñas: tener leche en la nevera, el tener piernas para caminar hacia la habitación de tu hijo cada mañana y poder despertarlo, disfrutar del hecho de compartir tu vida con una pareja increíble... No importa qué agradezcas, lo importante es que lo hagas para poder empezar tu mañana desde primera hora con un estado mental positivo.

No pretendo que seas la persona más optimista de tu ciudad, sino que cambies el enfoque, **que pases de centrarte en lo que no hay para pasar a centrarte en lo que sí hay**, en lo que sí tienes o en lo que sí eres.

Busca la *alquimia mental* cuando te enfrentes a un evento o situación negativa, trata de darle la vuelta y de ver qué aprendizaje has podido obtener de ello. Tú decides como ver las cosas: una ruptura amorosa, un despido del trabajo, la suciedad de tu porche tras la lluvia, a pesar de haberlo limpiado el día anterior...

Sólo con darle la vuelta al acontecimiento, mejoran de manera instantánea nuestros sentimientos.

"El secreto de la vida es que no hay ningún secreto. Sea cual sea tu objetivo, puedes llegar a él si estás dispuesto a trabajar"

Oprah Winfrey

La psicóloga social Amy Cuddy realizó una excelente conferencia en TEDGlobal 2012 sobre las evidencias científicas que existen detrás de las **poses de poder.** Su estudio demostraba que ponerse de pie o sentarse de cierta manera, ya sean apenas dos minutos, incrementa los niveles de testosterona y reduce los niveles de la hormona del cortisol, considerada la del estrés.

Estos cambios inmediatos que se producen en tu cuerpo podrían afectar a tu trabajo y tu interacción con los demás. Incluso, podrían incrementar notablemente tus probabilidades de éxito.

Algunas de estas posturas serían:

- **EXPANDIR EL PECHO:** Los estudios nos dicen que incluso las personas que nacieron ciegas, cuando ganan una competencia física alzan sus brazos en forma de V y levantan la barbilla. Después de apenas dos minutos manteniendo una pose de poder, tus niveles de testosterona se incrementaran en un 20%.

- **AL CERRAR UN TRATO INCLÍNATE HACIA DELANTE:** Cuando te encuentres preparándote para hacer una oferta, haz esta pose. Inclinarte hacia adelante mientras estás de pie apoyado sobre una mesa con tus brazos apoyados en ella, demuestra que estás en una posición de dominio.

- **POSE MUJER MARAVILLA:** Se trata de estar de pie, con el pecho expandido y los brazos en jarra apoyados sobre tus caderas, mantén tus piernas un poco abiertas. Sube tu barbilla para maximizar tu poder.

◆ ENTRECERRAR LOS OJOS: La última moda en lenguaje corporal que encontramos es lo que el fotógrafo Peter Hurley llama: entrecerrar levemente los ojos. Demuestra cómo el cerrar un poco los ojos, hace a las celebridades instantáneamente más fotogénicas. "La confianza viene de los ojos" dice Hurley. De hecho, cuando abres mucho los ojos, envías la señal de que te encuentras nervioso; pero en cambio, entrecerrarlos te ayuda a demostrar tu valor.

Otra de las acciones que puedes hacer para los momentos en los que tengas que superar retos, es crearte una *playlist* con canciones que te ultramotiven, estilo Rocky. Ponte tu lista musical y empieza desde ese nivel elevado de energía a buscar alternativas que solucionen tu desafío.

"Todo lo que necesitas para superar los obstáculos de la vida, lo encontrarás dentro de ti. Aprende a buscar en tu corazón"

Brian Tracy

Una vida desafiante, es la que vivió un chico llamado Mamoudou Gassama, conocido como el nuevo Spiderman. Este chico nacido en 1996, tenía dos sueños: llegar a Francia para poder vivir con su hermano y ser bombero. Para llegar a Francia recorrió el Sahara mientras era perseguido por traficantes de esclavos, fue encarcelado en Libia, maltratado... Finalmente, logró cruzar el Mediterráneo en una barca y llegó a Italia. Antes de conseguir abrazar a su hermano en Francia, estuvo viviendo unos años en los campos de refugiados de Italia.

El 26 de Mayo de 2018, se difundió por todo el mundo como puso en juego su vida para salvar la de un niño de cuatro años que estaba colgado de un balcón. Este chico subió cuatro pisos en apenas 30 segundos. Ese día ejerció de bombero y de héroe.

El 28 de Mayo de 2018, el presidente Macron se reunió con Gassama para agradecerle su hazaña. Fue galardonado con la Médalle d'honneur pour acte de courage et de dévouement y Macron le ofreció un trabajo en el servicio de bomberos.

Un tiempo para ti

Aprender a ser creador de tiempo para ti, no sólo para: la casa, los hijos, el trabajo… hablamos de tiempo para ti. Esto hará que no te quedes sin combustible.

Debes poder cuidar de ti, antes de cuidar a los demás.

• •

Recuerda cuáles son las instrucciones que te da la azafata cuando subes al avión… Primero tú te pones la mascarilla y después ayudas a tu hijo a ponérsela. No es egoísmo, es lógica, si tú no estás bien, tú no puedes ayudar a nadie.

• •

Si tú no te tienes como prioridad, ¿quién te va a tener? Si tú no tienes tiempo para ti, ¿quién te lo va a dar?

Tú decides que hora del día va a ser exclusiva para ti: para meditar, leer, escuchar música, avanzar los proyectos personales...

Esa hora hará que no pierdas tu esencia.

"Para amar de verdad hay que emprender un trabajo interior que sólo la soledad hace posible"

Alejandro Jodorowsky

Algunas personas **confunden el tiempo de estar solo con soledad y es muy distinto.** La diferencia la encuentras en tu mente, en lo que tú sientes. Puedes estar solo y sentirte totalmente pleno o puedes estar rodeado de personas y sentirte realmente solo.

Hay varias puntos que nos hacen sentirnos así:

- *Las creencias limitantes:* desde pequeños hemos creado la imagen de que lo normal es estar en pareja, entonces ¿qué ocurre cuando no la tenemos? Que pensamos que estamos solos, que algo nos falta, que nosotros no estamos hechos para tener pareja...

podemos entrar en el bucle de la soledad por pensar que el estado natural de la persona es estar en pareja.

- *El significado que le damos*: lo que tú piensas acerca de estar solo. ¿Qué significa? ¿Qué no te quieren? ¿Qué no conoces a personas suficientes? ¿Qué no perteneces a un grupo?

- *La conexión con los demás*: Primero tú has de estar a gusto contigo mismo, para que después los demás estén bien contigo. A menudo, las personas que más demandan atención son las que más solas se sienten.

"No hay alivio más grande que comenzar a ser lo que se es. Desde la infancia nos endilgan destinos ajenos. No estamos en el mundo para realizar los sueños de nuestros padres, sino los propios"

Alejandro Jodorowsky

Una persona que no tiene una autoimagen elevada, no logrará ser mucho más de lo que es en ese momento. Antes, deberá crearse una buena autoimagen y que ésta esté acorde con el lugar al que se quiere llegar. Por lo tanto, tener una mente positiva y que tome acción masiva, es fundamental. Porque si eres súper optimista (te dices frases positivas de "buenrrollismo", tomas cursos, escuchas videos motivadores) pero te quedas en casa esperando a que las cosas te lleguen, déjame decirte que vas por mal camino.

Ser realista no siempre es el mejor camino, pues si no eres en cierto grado optimista nunca emprenderás un nuevo camino. Ya que siempre verás problemas que te impidan crear aquello que deseas.

Sé como un científico que se lanza al mundo con un experimento, y si no funciona vuelve a su laboratorio a ver qué puede cambiar para lograr que funcione.

Fracasa rápido, para acertar pronto.

"Cuando empecé tenía 19 años, no sabía mucho de negocios, pero empecé"

Mark Zuckerberg

Las personas que reprimen sus problemas van un 40% más al médico y enferman más que las que expresan y comparten sus problemas.

A veces, no hablamos de nuestros problemas con amigos o psicólogos porque nos sentimos vulnerables o tenemos miedo a ser juzgados, preferimos reprimir nuestros sentimientos.

Para evitar que esos sentimientos y preocupaciones se queden encapsulados dentro de nosotros, el doctor James Pennebaker desarrolló una técnica.

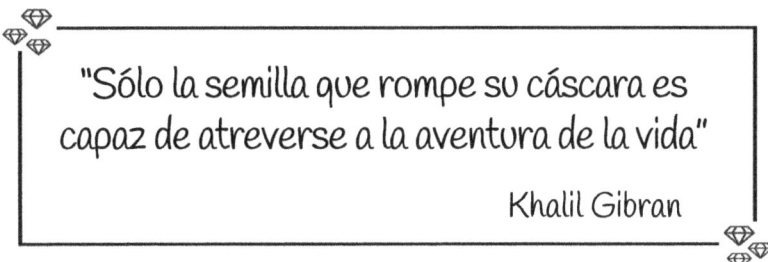

Tarea diaria: durante 4 días vas a escribir 20 minutos en un diario o libreta las emociones que sientes acerca de algo que te tenga inquieto. Vas a escribir sólo para ti, así que desahógate todo lo que puedas.

Verás que en apenas 4 días vas a notar cambios significativos.

> *"Sólo la semilla que rompe su cáscara es capaz de atreverse a la aventura de la vida"*
>
> Khalil Gibran

¡EMPIEZA HOY!

Sintoniza con las emociones positivas

Ponte manos a la obra y trabaja tus emociones.

Es una lástima ver cuántas relaciones se han roto por el mal humor de uno de ellos o cuántas depresiones se dan por no haber controlado la tristeza al inicio del episodio... Todos somos responsables de nuestros actos y como tales debemos aprender a gestionar esas emociones.

Como adultos que somos debemos responsabilizarnos de nuestras emociones, sin esperar que otros vengan a darnos consuelo.

El problema que existe es que no estamos entrenados para cambiar un estado emocional por otro. Si no que vamos como un barco a la deriva cambiando de una emoción a otra sin darnos cuenta.

Si las personas tenemos la facultad de la elección, deberíamos tratar de emplearla más y así poder alcanzar estados emocionales potenciadores en lugar de devastadores.

¿No crees?

Quedarnos en estados emocionales negativos sólo incrementa los porcentajes de personas que: consumen antidepresivos, consumen alcohol, drogas, comen en exceso...

Las creencias limitantes que nos mantienen en esos estados suelen tener argumentos bastante lógicos, por ello no salimos del fango. Aún así, debemos rebatírnoslas y arriesgar.

Debemos acabar con todas nuestras creencias limitantes: *"el dinero cuesta mucho ganarlo"*, *"no te fíes de un desconocido"*, *"en invierno todos nos resfriamos"*, *"el dinero no cae de los árboles"*, *"los buenos trabajos sólo son para los que tienen un buen padrino"*...

¿Eres padre?

¿Tienes sobrinos?

¿Conoces a niños?

Seguro que a alguna de estas preguntas habrás respondido que sí. Entonces, a partir de este instante para protegerles y no cortarles las alas, cuida tus palabras y mantén las creencias limitantes alejadas de ellos. **Sólo así podrán brillar eternamente.**

Recuerda que ellos confían plenamente en ti y si les dices: *"tú puedes"* ellos corroborarán lo que ya saben, *que pueden con todo*. Pero, si les inculcas creencias limitantes, harás que duden de su potencial.

Los adultos tenemos una responsabilidad maravillosa: **hacer brillar a esas pequeñas estrellitas.**

• •

No nos podemos encerrar en urna de cristal para que no nos ocurra nada.

• •

Hay personas que dicen no hacer realidad sus metas por no herir a alguien que quieren, cuando en verdad están cometiendo el mayor error: **sufrir ellas para hacer feliz a otras.** No hay mayor regalo que le puedas dar a otro que ir tras tus sueños, demostrándoles integridad, ya que **tu sufrimiento nunca va a beneficiar a nadie.**

La psicoinmunología ha demostrado que los pensamientos que tienes influyen en tu sistema nervioso, en tu sistema inmune, desencadenan reacciones inflamatorias... Cuando una persona se encuentra estresada constantemente, activa su sistema nervioso simpático, aumenta su presión arterial, aumentan sus niveles de glucosa, se producen problemas de memoria, aumentan los niveles de cortisol y de adrenalina y te inmunodeprimen, es decir bajan tus defensas. **Pues el cuerpo entiende que antes de combatir enfermedades hay que salvar la propia vida, no distingue el riesgo real del imaginario.**

Es increíble como ni tus peores enemigos podrían hacerte el mismo daño como el que te haces tú con tus propios pensamientos.

Perteneces a un grupo

Todo el mundo quiere acogerte en su molde, en su manera de hacer y de ver las cosas, pero como dice mi mentor, **nadie puede brillar en estrella ajena.** Todos debemos tener nuestro lugar.

Si lo piensas, todos nos asociamos alrededor de un grupo de personas que comparten unas mismas características, comparten aficiones, tienen una forma de pensar común... Esto quiere decir que si estás en un determinado grupo y te desvías del camino marcado, el grupo tratará de devolverte a lo ya establecido.

No son actos conscientes, se hacen de manera inconsciente, para mantener el grupo dentro de su zona de confort.

Puede que si tratas de hacer algo distinto, y de alguna manera sobresales, puedes sentirte rechazado dentro de tu grupo, muchos son los que por no sentirse comprendidos en su entorno, dejan sus propósitos atrás.

Priorizan el entorno a su propósito.

Esto no es mejor, ni peor, simplemente es una decisión más.

"La gente que quiere más aprobación consigue menos y la gente que necesita menos aprobación consigue más"

Wayne Dyer

Buscar donde hay que buscar

Cuenta la historia que una noche, cerca de una farola, había un hombre que se hallaba de rodillas buscando algo. Un transeúnte se le acercó y le preguntó qué era lo que buscaba.

- Busco mis llaves.

- No se preocupe usted que yo le ayudo a buscarlas. – Dijo el transeúnte.

Ambos se dispusieron a buscarlas. Después de un largo rato buscándolas, el transeúnte preguntó:

- ¿Está usted seguro que las perdió aquí?

- No, las perdí en casa, pero aquí bajo la farola hay más luz.

Esto es lo que está sucediendo con algunas personas, **están buscando fuera de ellas cosas que ya tienen**

dentro. Les es más fácil hacerlo así, ya que si no encuentran lo que buscan siempre habrá alguien a quien culpar: al jefe, al marido, a la mujer, a los políticos, a la crisis...

No hay nada peor que estar haciendo muy bien aquello que no tienes que estar haciendo.

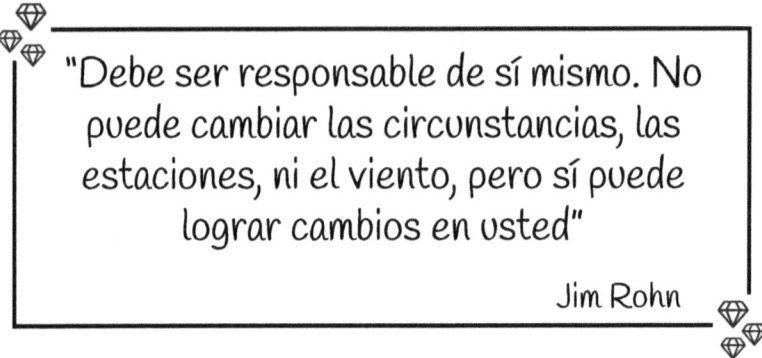

"Debe ser responsable de sí mismo. No puede cambiar las circunstancias, las estaciones, ni el viento, pero sí puede lograr cambios en usted"

Jim Rohn

Hasta que no llegue el día en que nos hagamos 100% responsables de lo que nos ocurre, no lograremos ver cambios importantes, nos dedicaremos a quejarnos y a culpar de nuestros fracasos a las circunstancias.

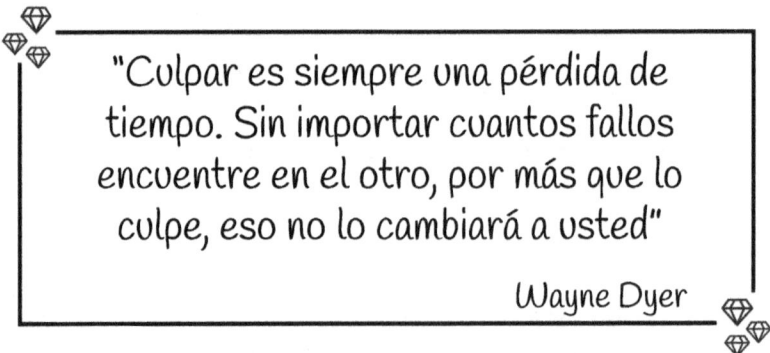

"Culpar es siempre una pérdida de tiempo. Sin importar cuantos fallos encuentre en el otro, por más que lo culpe, eso no lo cambiará a usted"

Wayne Dyer

Cuando algo no salga como planeaste, en tu mente deberás hacer lo siguiente:

- Tomar la decisión de que puedes cambiarlo si lo deseas.

- Hacerte preguntas inteligentes:

    - ¿Qué hice o no hice para obtener ese resultado?

    - ¿Qué debería hacer para obtener un resultado distinto?

    - ¿Qué dije para que la otra persona respondiese de ese modo?

    - ¿En qué pensaba cuando hice eso?

    - ¿Qué alternativas tengo para subsanar ese error?

Si en vez de buscar las respuestas adecuadas nos dedicamos a quejarnos, no arreglaremos nada y nos quedaremos en el mismo punto en el que estamos.

De hecho, detente un segundo y pregúntate con quién te quejas habitualmente. La respuesta es: con las personas incorrectas. Te quejas de tu jefe con tus amigos, te quejas de tu pareja con tus compañeros, te quejas de tus amigos con tu pareja...

Nos quejamos con las personas inadecuadas, porque es sencillo, simplemente nos desahogamos, pero permanecemos en el mismo punto que antes.

Si en cambio, con cada persona con la que tienes un problema hablases de ello, tendrías más probabilidades de solucionarlo.

A la mayoría le da miedo enfrentarse a la verdad. Pero de no hacerlo, seguirás en el mismo punto. Tememos lo que podemos escuchar, pero es la única manera de hacer algo al respecto. De no hacerlo, **sería como barrer escondiendo la pelusa bajo la alfombra.** Tarea de tontos.

• •

Nunca compitas contra nadie,

compite contra lo que eres hoy y

mañana sé mejor de lo que eres hoy.

• •

No tengas envidia de nadie, más bien utiliza la imagen de los demás para inspirarte a mejorar y lograrlo. Recuerda que sólo compites contigo mismo, es la única forma de alcanzar tu mejor versión.

Un lugar para lo nuevo

Un joven visitó a su maestro en casa. El maestro comenzó a servirle té en la taza al joven. Mientras, el joven comenzaba a decirle al maestro todo lo que sabía.

Cuanto más hablaba el joven, más té le servía el maestro. El té empezó a desbordarse de la taza y a caer sobre el mantel, manchándolo todo. El joven perplejo por la situación, preguntó al maestro: *"por qué seguía sirviendo té si el vaso estaba lleno y se estaba derramando".*

A lo que el maestro le contestó: *"cuando la mente está llena de conocimientos, pasa lo mismo que con la taza de té, antes debe vaciarse para poder seguir añadiendo más té en ella".*

Si el joven quería aprender nuevos conocimientos, antes debía vaciar su mente, para dar paso a los nuevos pensamientos.

"Los analfabetos del siglo XXI no serán los que no puedan leer, ni escribir, sino los que no puedan aprender, olvidar lo aprendido y aprender de nuevo"

Alvin Toffler

Las experiencias pasadas son importantes en nuestro camino, pues nos ayudan a avanzar más rápido, pero si queremos aprender nuevos paradigmas, debemos tener la mente abierta y no prejuzgarlos.

> Sólo aquellos que consiguen tener una mente renovada, consiguen renovar sus vidas.

Pensamientos ganadores como: *"hoy daré un paso más"*, *"seguiré el ejemplo de X"*, *"si pude conseguir aquello, puedo conseguir esto"*... son los que necesitas.

Organízate con eficacia

Si buscas obtener éxito en algún área, deberás priorizarla, quitarte tiempo de cosas intrascendentes, y centrarte en lo importante. Pues recuerda que por tomar una decisión, no te va a llegar tiempo extra.

Vas a tener el mismo tiempo que estás teniendo hasta ahora, la clave estará en cómo te lo organices. Sólo así podrás alcanzar todo lo que te propongas.

Otra clave, es no hablar de los problemas que te surjan con personas que no puedan ayudarte. Pues sólo os quedaréis en divagaciones, e incluso te parecerán aún más complicados de solucionar. Seguirás estancado pero con menos energías.

Sé eficiente en cada paso que des. Tus energías a lo largo del día son las que son, así que no las malgastes y déjalas para tus grandes decisiones.

Por qué la motivación no es suficiente

Si alguna vez has intentado cambiar un hábito, como dejar de fumar, alimentarte más saludable, practicar deporte... Te habrás dado cuenta que sólo con la voluntad no se consigue.

Esto se debe a que la voluntad se inicia en la mente consciente. Y como ya hemos visto **tu parte consciente domina en menos de un 5 % tu día a día**, el resto del tiempo domina tu mente subconsciente.

La *mente subconsciente* es la emocional, es la que se deja llevar por los deseos, gracias a ella tu corazón funciona, tus defensas actúan cada vez que entra una bacteria en tu cuerpo, tus pulmones funcionan aunque duermas... Para tener más control de nuestra vida, debemos tratar de mejorar esta parte sin que nos demos cuenta.

¿Cómo?

Vamos a verlo...

Tu *mente subconsciente*, ya te habrás dado cuenta de cuándo actúa, si alguna vez has cambiado algo en casa, como la ubicación de tu ropa dentro del armario. Si cambiaste de lugar el cajón de los calcetines, te habrá costado un tiempo el habituarte al nuevo lugar. Esto se debe a que **en tu mente ya existían conexiones neuronales que facilitaban esa tarea**.

Por lo tanto, la clave estará en conseguir más conexiones neuronales de las que nos interesen para que éstas hagan su trabajo de manera subconsciente.

Debes cambiar tus pensamientos para cambiar tu vida.

Imagina un mismo evento al que se enfrentan dos personas, acabarse de jubilar:

- La primera piensa que se acerca el final de sus días, se torna pesimista, sin ánimo.

- La segunda piensa que es una nueva etapa, con más tiempo, menores responsabilidades y que la va a aprovechar para hacer realidad aquellos sueños que le quedaron por cumplir.

Es una misma realidad, pero son dos creencias completamente distintas, una de estas personas tiene creencias limitantes y la otra creencias expansivas.

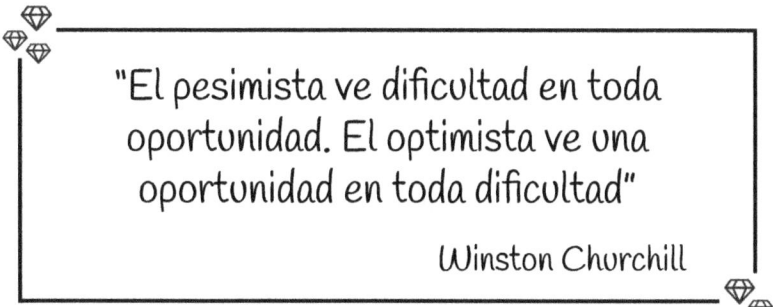

"El pesimista ve dificultad en toda oportunidad. El optimista ve una oportunidad en toda dificultad"

Winston Churchill

Si logramos reconducir nuestras creencias, podremos adquirir una nueva conciencia.

• •

En el vocabulario tenemos 3.000 palabras para describir emociones, pero lo sombroso es que hay más palabras para describir las emociones negativas que para las positivas.

• •

Cambia tus palabras negativas por palabras neutrales.

Imagina que estabas haciendo un trabajo en tu ordenador, no lo guardaste y se te perdió todo lo ejecutado por un error. Tienes que volver a repetirlo. Es un fastidio, por supuesto. Pero, tienes dos opciones:

- ◆ Cabrearte, decir palabras malsonantes sin parar y enfurecerte hasta crear un estado de lo más negativo, en el que ya quieras echar todo por la borda.

- ◆ Molestarte unos segundos por lo sucedido y decirte a ti mismo: "bueno es obvio que voy a tener que gastar más tiempo, pero ya sé cómo hacerlo y puesto que tengo que volver a repetirlo trataré de hacerlo mejor e incluso trataré de ser más conciso".

💎 En la primera situación tu bucle negativo no te va a permitir avanzar, te habrás metido en una espiral de frustración que no te llevará a nada, bueno sí a segregar más cortisol (hormona del estrés).

Y en la segunda situación, eres más grande que el evento ocurrido y lo utilizas para desafiarte y mejorar.

Cómo ver las cosas

Seguro que has estado con alguien al que las cosas le iban mal y lo quisiste animar. Te dijo que en ese momento sólo veía el vaso medio vacío y le tuviste que reenfocar diciéndole: "Sí, es cierto, *está medio vacío, pero también está medio lleno*".

No se puede ser tampoco tan positivo como para decir: "Yo sólo veo el vaso medio lleno". Acaso, ¿no puedes ser lo suficiente realista como para verlo también medio vacío?

Es una misma realidad, no podemos quedarnos con la parcialidad, debemos ser más astutos y ver la totalidad.

¿Acaso no puedes aceptar un poco la verdad?

No hay una sola visión, siempre hay alguna más.

Todo el que busca, antes o después encuentra

A mí, me gusta convertir mis caminos en el coche hacia el trabajo en una universidad ambulante, me gusta escuchar audios de personas que tienen algo interesante que contarme. Me gusta activarme con los podcast de personas que consiguen que aprenda algo valioso en el trayecto de una hora hacia mi trabajo.

> 💎 Escoge un tema que te fascine o del que necesites saber más y aprende acerca de ello sin parar.

Hoy lo tenemos muy fácil, pero sé que es más sencillo aún ponerse escusas...

• •

Si sigues haciendo lo que ya sabes hacer y no aprendes nada nuevo; dentro de diez años no llegarás a ser más de lo que eres hoy.

• •

Hay personas que en los trayectos de desplazamiento hacia el trabajo han estado escuchando cursos de un idioma y lo han aprendido, quizá no se hayan vuelto unos auténticos nativos hablando el idioma, pero en un año han mejorado de una forma increíble. **Podrían haberse agarrado a lo fácil, escuchar música y simplemente dejar su mente en blanco.**

Pero, tomaron una decisión.

Y esa decisión les ha hecho ser más grandes de lo que lo fueron hace un año. El trayecto al trabajo lo iban a hacer de igual modo, pero decidieron aprovechar los tiempos.

¿No es increíble?

Si estás leyendo este libro es que tienes acceso a la información, por tanto, lo tienes fácil. Aprovéchala, incluso en internet hay mucha información gratuita. Información por la que no tienes que pagar ni un dólar.

Aprovecha las oportunidades que te lleguen.

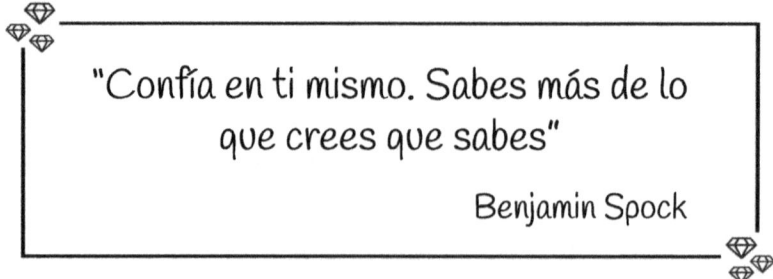

"Confía en ti mismo. Sabes más de lo que crees que sabes"

Benjamin Spock

Encuentra un maestro, un mentor, alguien que te enseñe. Te hará ver cuáles son tus errores y te mostrará una guía para orientar tu vida de una manera distinta. Las circunstancias de tu entorno (políticos, impuestos, familiares...) serán prácticamente iguales, el que cambiará serás tú.

La relajación

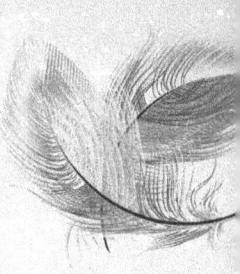

Cuando nos encontramos en calma, toda nuestra fisiología cambia literalmente.

> Si nos situamos en momentos de silencio mental, la ciencia ha descubierto que nuestra actividad cerebral cambia drásticamente.

Te preguntarás cómo alcanzar el silencio mental. Pues bien, tengo que decirte que el silencio no es la ausencia de sonido, es la ausencia de ruido. Evita el ruido que sabes que generas mentalmente, ese ruido que te produce ansiedad, tensión, desesperación... y busca la quietud mental.

En el electroencefalograma veríamos un enlentecimiento de las ondas cerebrales, aparecen las ondas theta, ondas alfa... Seguramente creerías que estas ondas sólo las conseguirías siguiendo un buen proceso de meditación. Y nada más lejos de la realidad, cuando estamos concentrados leyendo o escuchando música, también las estamos generando.

Es en esta situación, cuando nos abrimos a la creatividad y nuestro sistema inmunitario trabaja mejor, puede defendernos más eficazmente de bacterias y tumores.

Por tanto, relajarte está a tu alcance, incluso si no deseas tener momentos de meditación.

Todo libro tiene un final... pero éste es especial

Dicen que la persona que cierra un libro nunca vuelve a ser la misma que lo abrió. Y tú eres esa persona. En estos momentos te hallas con las herramientas más potentes para poner a brillar tu vida como se merece.

• •

El día que te das cuenta de lo que vales,

comienzas a ir tras lo que mereces.

• •

Ese día es hoy.

Ya se huele el cambio, se siente en el ambiente...

Deja de mirar el éxito ajeno y pon a trabajar el propio. Vive tu vida a tu manera. Nadie dijo que la vida haya que vivirla así o asá para que sea más placentera, no hay nada escrito.

Cada uno entiende el éxito de una manera distinta, no hay buenas, ni malas porque todas son personales. **Brilla tanto como puedas, pero jamás apagues la luz de nadie.**

Tú vales tanto como creas que vales. El valor siempre lo marcas tú. **Así que no te vendas barato.** Sube el valor de mercado.

No lo olvides.

Si alguna vez te rompiste, recompón todas tus piezas y empieza a funcionar de nuevo. Tuviste la suerte de ser el escogido con el don de la vida, llegaste a la vida para vivirla y ser feliz, y esa es tu única misión.

> *"Deja de guardar las cosas para una ocasión especial. Estar vivo es una ocasión especial"*

Si tú eres feliz haces del mundo un lugar mejor, así que no seas egoísta y empieza a ser feliz. Un taxista feliz te hace el trayecto más ameno, un médico feliz te hace sentir más seguro, un camarero feliz hace que disfrutes más la comida, un artista feliz hace que te deleites con más obras de arte... **Todos somos importantes y todos formamos parte de este maravilloso universo.** No somos seres aislados, somos parte de un mismo sistema. Por eso, si tú eres feliz, haces del mundo un lugar mejor.

La alegría se contagia, así que inunda el mundo con el virus de la felicidad. Puede sonar cursi, pero ¿sabes qué? Me da igual.

Mi vida, mis reglas.

Hay que ser consciente de que es imposible gustar a todo el mundo. Como siempre digo si ni en política somos capaces de ponernos de acuerdo, cómo lo íbamos a hacer para contentar a todos. Es imposible.

Y es que con gustar al 50% ya habrás triunfado. Imagina una sala con diez personas si gustas a cinco.... ¡Guau! menudo éxito. Pero muchos aún no son capaces de verlo, esperan gustar a los diez y si no lo consiguen se desaniman, se ponen tristes y se deprimen ¿por qué? **Valen más de lo que creen...**

• •

No olvides que ser fuerte no implica

que puedas levantar mucho peso, basta

con que puedas levantar el peso de tu

cuerpo cada vez que caigas.

• •

Hoy estoy feliz, sé que tú eres el cambio que necesita el mundo. **Sé que tienes un montón de planes para ti y que miles de éxitos te esperan al cerrar este libro.**

Brindo por lo que tienes, por lo que ya se fue y por todo lo que te vendrá.

Es curioso cuando alguien nos hace click en el botón que teníamos en pausa y volvemos a querernos como nos merecemos.

Quiérete al menos un 100%.

Vales mucho, mucho no, muchísimo, no lo olvides. Aunque no lo creas aún vive ese niño que eras de pequeño, ese niño que soñaba en grande, ese niño que se subía en su escoba voladora y viajaba a lugares lejanos.

Vuelve a soñar.
Sueña despierto y en grande.

Y después rómpete la cabeza para hacer tus sueños realidad.

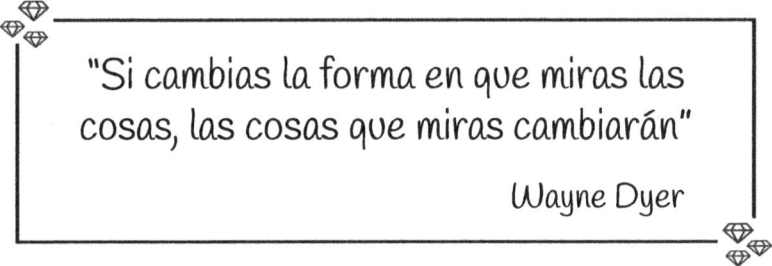

"Si cambias la forma en que miras las cosas, las cosas que miras cambiarán"

Wayne Dyer

No naciste para fracasar, naciste para ganar. **Tu cuerpo puede aguantar casi todo, es tu mente la que te limita.** Convéncela a ella primero.

Ponte estas 3 reglas y ve a por todas:

- ♦ Nunca digas que no puedes.
- ♦ Nunca agaches la cabeza.
- ♦ Nunca dejes de creer en ti.

Estas son mis últimas palabras hacia ti. Que nada, ni nadie te frene. No tengas miedo a la vida. Eres lo más. Y a partir de ahora:

Tu vida, Tus Reglas.

Gracias Infinitas.

Te quiere.

María Mesa

¿Me ayudas a mejorar el mundo?

Amo a las personas, me gusta conocer su historia, sus sueños y aspiraciones, para poder ayudarlas a construirse una vida mejor; una vida hecha a medida, una vida creada por ellas mismas.

Tú eres una de esas personas especiales.

No me considero el vehículo que te hará llegar a tu destino de éxito, sino más bien **una luz que alumbra durante el recorrido.**

Considero que cada uno debe escoger por sí mismo los pasos a seguir en su camino al éxito, para que cuando lo logre sepa que todo el mérito fue suyo.

Si este libro ha supuesto un antes y un después en tu vida es que **ha cumplido su misión**. He tratado por todos los medios traerte todos los conocimientos y sabiduría milenaria que he adquirido a lo largo de toda mi vida, de una manera amena.

Los conocimientos expuestos en la **Saga Comienza tu Éxito** harán a cualquier persona que los lea avanzar a pasos agigantados por los escalones que llevan a una vida repleta de éxitos.

Todos merecemos ser realmente felices. Pero no todos son conscientes de que una vida maravillosa es posible.

Ayúdame a despertar más corazones, creemos un **Movimiento de Vidas Exitosas.** Cuantos más seamos, más maravilloso será el mundo. ¿Te imaginas un mundo donde todos nos sintamos realizados? La cara agria de muchos, cambiaría por un luminoso rostro sonriente. Dependientes, médicos, policías, cocineros, jardineros...

Todos tenemos una vocación distinta en nuestra vida, estamos destinados a algo grande y es nuestra responsabilidad hacer nuestros sueños realidad.

Recuerda que lo que das, recibes.

Conviértete en embajador de la saga Comienza tu éxito

Aplica los principios aprendidos y conviértete en un ejemplo a seguir.

¿Cómo hacerte embajador de la Saga Comienza tu Éxito?

A todos nos pasa que una vez que descubrimos algo grandioso, nos morimos de ganas de hacérselo saber al mundo, aún más a las personas que más amamos.

A veces, nos salen diálogos inconexos porque tratamos de exponerles todo el conocimiento aprendido en cinco minutos para que aprendan rápido... Luego nos quedamos insatisfechos, pues nos damos cuenta que no hemos transmitido la idea que queríamos.

Si esto te ha pasado, no dejes que te ocurra también con estos conocimientos. Esta vez tienes la oportunidad de hacérselos llegar en un formato bonito, estructurado y al que recurrir siempre que la otra persona lo necesite.

Te voy a pedir que cierres tus ojos y pienses en las tres personas que más amas del mundo. Esas tres personas especiales que son tus tres diamantes que tanto quieres, tres personas a las que quieras ver realmente felices porque tu amor es verdadero y sincero hacia ellas.

¿Las tienes?

Anota sus nombres:

A esas tres personas especiales, les vas a regalar un cambio de vida. Les vas a regalar un libro como este. Les vas a regalar un mensaje muy especial, un mensaje envuelto en un libro que en la portada tiene el título: **Tu vida, Tus Reglas.**

No hay mayor regalo que tener a una persona a la que amar a nuestro lado. Esa persona es un regalo de la vida para cuidar a diario, esa persona se merece todo.

Y para finalizar te voy a pedir una cosa más, la última. Cuando entregues tu regalo, pídeles a esas tres personas a las que regalaste el libro que lean este capítulo de cierre.

> Cada persona que reciba este libro a modo de regalo, tiene que saber lo especial que es para la persona que se lo regaló y cuantísimo llena su vida. Debe saber que tenerla en su vida, es más valioso que tener un tesoro.

Un libro es un regalo que dura toda una vida y si el libro encierra un mensaje valioso, no hay nada más maravilloso.

Me haría muy, muy feliz que me mandases una foto tuya con tus tres libros (y contándome si quieres porqué esas tres personas son tan especiales para ti) al siguiente correo: **contacto@comienzatuexito.com**

Subiré tu foto a mi web y a mis redes, para que el mundo sea testigo de que tú también formaste parte del cambio de crear un mundo mejor.

Gracias infinitas.
Te quiere.
María.

El éxito ha comenzado...

«La Voz de Tu Alma»

Entre todos los autores que respeto y mentores que tengo se encuentra Laín García Calvo. Con su libro La Voz de Tu Alma me acerqué a una forma distinta de ver la espiritualidad.

La Voz de Tu Alma, es uno de los libros espirituales que está aportando un cambio en la vida de las personas de habla hispana.

El mundo está cambiando a pasos agigantados y es nuestra responsabilidad adquirir los conocimientos necesarios para avanzar por el camino.

Deberás adquirir conocimiento acerca de la Leyes invisibles que rigen en el universo, y para ello tu formación es importante. La Voz de Tu Alma puede ayudarte con la adquisición de esos conocimientos.

Que todo lo bueno te encuentre,
te siga,
y se quede contigo...

www.ingramcontent.com/pod-product-compliance
Lightning Source LLC
Chambersburg PA
CBHW032033150426
43194CB00006B/262